Una guía espiritual para abrazar la inquietud, replantear la incomodidad creativa, y encontrar belleza en lo inacabado

LA ALEGRÍA DE LA INQUIETUD

DAVID S. MORGAN

Una Nota Antes de Comenzar

Este no es un libro de soluciones rápidas o planes en cinco pasos.

Es un compañero para aquellos que sienten el silencioso dolor de "aún no estar ahí", incluso cuando la vida parece buena desde fuera.

Tal vez seas un artista o emprendedor, un maestro o padre, un líder o buscador, o simplemente alguien que siente ese latido bajo la superficie, ese llamado inquieto hacia algo más honesto, más completo, más vivo. Este libro no está aquí para silenciar esa inquietud. Está aquí para honrarla.

Cada capítulo comienza con un breve poema, un gesto de apertura más que un resumen. Encontrarás historias, investigaciones y prácticas reflexivas entretejidas a lo largo del libro, pero siempre al servicio de algo más profundo que la información: la transformación, a través de la inquietud, el replanteamiento creativo y la alegría de estar hermosamente inacabado.

A lo largo del libro, notarás que las palabras inquietud y descontento a veces se usan de manera intercambiable. Aunque tienen matices distintos—inquietud suele ser más sutil, interna, como una agitación silenciosa, y descontento tiende a nombrar una insatisfacción más clara o visible—ambas apuntan a lo mismo: una señal de que algo en nosotros desea más autenticidad, más sentido, más vida.

Si te has cansado de los mitos de llegada y los hitos vacíos, si estás listo para explorar una vida creativa moldeada más por la presencia que por la perfección, estás en el lugar correcto.

Comencemos con el dolor.

Tabla de Contenido

Una Nota Antes de Comenzar ii

Introducción v

Capítulo 1: El Mito de la Llegada 1

    El Espejismo de la Llegada 2

    El Problema Con "Terminado" 5

    Creando desde el Medio 7

    Una Nueva Definición de Éxito 9

Capítulo 2: La Inquietud como Brújula Creativa 15

    The Compass Within 16

    El Impulso Creativo Bajo la Inquietud 19

    Curiosidad: El Motor del Devenir 22

    Una Práctica: Siguiendo el Impulso 25

Capítulo 3: La Fricción Que Alimenta el Flujo 33

    El Flujo No Es Sin Esfuerzo, Es Comprometido 34

    Neurociencia en el Límite 36

    Por Qué Resistimos Lo Que Necesitamos 38

    La Alegría en la Fricción 49

Capítulo 4: Crear Sin Aferrarse 53

    El Arte de Soltar 54

    La Sabiduría Oriental Se Encuentra con la Práctica Cotidiana 56

    Por Qué la Obsesión con los Resultados Mata la Alegría 62

El Mundo No Necesita Perfecto. Necesita Real. 72

Capítulo 5: La Alegría como Rebelión 79

    El Acto Radical de Importar 80

    La Inquietud Como la Chispa del Cambio 83

    Elegir la Alegría Cuando Es Más Fácil No Hacerlo 91

    Rebelión a Través de la Belleza 94

Capítulo 6: Lo Hermosamente Inacabado 105

    Los Pirahã y el Lenguaje del Ahora 106

    La Terminación Es un Concepto. La Creación Es un Estado. 109

    Convertirse Es un Estado de Toda la Vida 115

    La Incompletud No Es Inadecuación, Es Invitación 119

Capítulo 7: En Práctica, Honrando Lo Que Te Mueve 131

    Un Compañero Creativo 132

    Prácticas a las Cuales Regresar 137

    Una Reflexión Final, Mantente Inquieto, Mantente Auténtico 140

Agradecimientos 152

Lecturas Sugeridas e Inspiraciones 154

Sobre el Autor 155

Otros Libros de David S. Morgan 156

Notas 157

Introducción

El Fuego Silencioso: Sobre la Belleza de la Inquietud

Hay un tipo de inquietud que no grita.

No se enfurece ni se revuelca.

Murmura, justo bajo la superficie.

Un susurro que dice: *Esto no es del todo.*

Aún no.

Llega en los espacios entre logros. En el silencio después de que se desvanecen los aplausos. En la luz de la mañana, cuando despiertas y sientes ese tirón familiar, esa sensación de que algo permanece inacabado dentro de ti.

Es fácil confundir ese sentimiento con fracaso. O impaciencia. O no estar lo suficientemente agradecido por lo que tienes.

Pero ¿y si ese dolor, esa inquebrantable sensación de que más es posible, no es un defecto en absoluto?

¿Y si es el comienzo de algo hermoso?

Este libro trata sobre la *alegría* que vive dentro de esa inquietud.

No la alegría de terminar algo, o lograr algo, o hacerlo "bien".

Sino la alegría más profunda y salvaje de *entregarse*, de ser atraído hacia algo, porque tu corazón sabe qué importa.

La Alegría de la Inquietud

Incluso cuando es desordenado.

Especialmente cuando es desordenado.

Esto no es solo para artistas, emprendedores o aquellos que se identifican como "creativos". Es para cualquiera que sienta el dolor de querer más que la supervivencia, el maestro que remodela su aula contra las expectativas estandarizadas, la enfermera que rediseña un protocolo de atención al paciente, el trabajador de fábrica que encuentra dignidad en pequeñas mejoras en su estación, el padre que reinventa las tradiciones familiares para reflejar valores más profundos. Esto es para todos los que sienten ese fuego silencioso dentro, incluso si nunca han tenido un nombre para él.

La Paradoja de la Tensión Creativa

Vivimos en un mundo obsesionado con los resultados. Métricas. Hitos. Maestría.

Nuestra cultura celebra la llegada, la finalización, los bordes limpios de la certeza.

Pero la creación rara vez es limpia o lineal. A menudo nace en la fricción. En el anhelo.

En un momento de rebelión silenciosa en el que dices:

Esto no es suficiente. Y me importa demasiado para dejarlo así.

Eso es descontento.

Pero no del tipo amargo.

Del tipo generativo.

El tipo que hace que los artistas vuelvan a tomar el pincel.

Que hace que los constructores sigan revisando.

Introducción

Que hace que el alma inquieta avance cuando sería más fácil quedarse quieta.

Pienso en Rosa, una trabajadora de cafetería escolar que conocí mientras investigaba para este libro. Durante veinte años, sirvió comidas dentro de un sistema diseñado para la eficiencia, no para la conexión. Pero algo en ella no podía aceptar la sensación de línea de montaje de su trabajo. Así que comenzó a aprender los nombres de los estudiantes. Desarrolló un sistema de notas con pequeños estímulos. Creó un espacio de comedor digno con plantas que ella misma cuidaba. "No podía cambiar el menú", me dijo, "pero podía cambiar la sensación de la habitación". Su descontento no era amargura, era la semilla de la transformación.

He pasado años estudiando este tipo de tensión creativa, tanto en mi propio trabajo como en las vidas de creadores, líderes y visionarios cotidianos que crean no a pesar de la incomodidad, sino debido a ella. Lo que he descubierto es esto: las personas más vibrantes y vivas que conozco no son aquellas que han eliminado la lucha. Son las que han encontrado significado dentro de ella.

Más Allá de la Positividad Tóxica

Este no es un libro de pensamiento positivo. No se trata de ignorar lo que está roto o fingir que todo está bien.

Se trata de algo más honesto: el reconocimiento de que la incomodidad, cuando se aborda con curiosidad en lugar de miedo, puede convertirse en una puerta. Una brújula. Una chispa creativa.

He llegado a creer que este tipo de inquietud no es algo que debamos arreglar o del que debamos huir.

Es algo que podemos *honrar*.

Y cuando lo hacemos, cuando permanecemos presentes con el dolor en lugar de adormecerlo, nos encontramos en el más sagrado de los lugares humanos:

El acto de hacer. De convertirse. De importar lo suficiente para crear algo que no existía antes.

Un Camino Diferente

Nuestra sabiduría convencional dice: Encuentra contentamiento. Busca paz. Llega.

Este libro propone algo diferente: ¿Y si la mayor alegría no está en la llegada, sino en el movimiento? ¿No en la certeza, sino en la curiosidad? ¿No en haber terminado, sino en estar eternamente convirtiéndose?

¿Y si el dolor de "aún no estar ahí" no es algo que superar, sino algo que hacer amigo?

A través de historias, investigaciones y prácticas reflexivas, exploraremos cómo el descontento creativo puede convertirse en:

Una brújula que nos guía hacia un trabajo significativo
Un umbral que se abre al flujo
Una práctica de crear sin aferrarse a los resultados
Una forma de rebelión silenciosa contra la apatía
Una celebración de la vida hermosamente inacabada

Para los Corazones Inquietos

Este no es un libro de respuestas.

Es un compañero para el camino creativo.

Para aquellos que sienten algo agitándose, incluso si aún no pueden nombrarlo.

Introducción

Para aquellos que están cansados de perseguir el "éxito" pero aún se sienten llamados a construir, a escribir, a liderar, a dar forma.

Para aquellos que creen que estar inacabado no significa que estés roto. Significa que aún estás *convirtiéndote*.

Hay alegría en eso.

Hay alegría en ti.

Incluso, especialmente, en tu inquietud.

Comenzamos, no con las respuestas, sino con el dolor. El tirón silencioso que dice: Hay más que esto. En el próximo capítulo, exploraremos por qué tantos de nosotros esperamos la línea de meta, y qué sucede cuando nos damos cuenta de que puede que no haya una.

Comencemos.

La Alegría de la Inquietud

CAPÍTULO 1

El Mito de la Llegada

Destino
Soñamos con una línea de meta,
pintada de oro y resplandeciente.
Pero el camino seguía moviéndose,
no para burlarse de nosotros,
sino para invitarnos
a seguir
convirtiéndonos.
Nos han vendido una promesa

Es sutil, entretejida en la cultura como una costura que apenas puedes ver a menos que tires de la juntura. La promesa va más o menos así: *Trabaja duro, marca las casillas, haz las cosas correctas... y un día, llegarás.*

Alcanzarás un momento de completitud.

Certeza.

Paz.

Llegada.

Pero, ¿y si esa promesa es un mito?

¿Y si ese momento no existe, no porque lo estemos haciendo mal, sino porque estamos programados para algo completamente distinto?

En este libro, a veces uso "inquietud" y "descontento" indistintamente, no porque sean lo mismo, sino porque a menudo llegan juntos. El descontento es ese zumbido bajo la superficie, ese tirón corporal de que algo no está bien. La inquietud es el nombre que comenzamos a darle a ese tirón cuando empezamos a escuchar. Uno agita el cuerpo, el otro da forma a la historia. Juntos, forman el suelo de la transformación creativa.

El Espejismo de la Llegada

Nuestro mundo ama los finales ordenados. Medimos las vidas en logros, hitos y llegadas:

- El diploma en la pared.
- El título en la tarjeta de presentación.
- La casa con la cerca blanca.
- El contrato editorial, finalmente firmado.
- El siguiente "siguiente" que promete satisfacción.

Cada uno colgado como una zanahoria justo más allá del momento en que estamos. Los perseguimos con determinación, creyendo que una vez que los alcancemos, algo cambiará fundamentalmente. Nos sentiremos completos. Satisfechos. Habremos *llegado*.

Pero tantos de nosotros lo hemos sentido, ese extraño vacío después de marcar la casilla. El alivio es real, pero fugaz. El anhelo regresa. A veces con más fuerza que antes.

Recuerdo estar en mi propio lanzamiento de libro no hace mucho, copa de champán en mano, rodeado de personas que me felicitaban. Era el momento por el que había trabajado durante casi una década. Y, sin embargo, bajo la genuina gratitud, sentí una curiosa sensación de vacío. No exactamente depresión o decepción, sino una pregunta silenciosa: ¿*Es esto todo*?

No era ingratitud. Era mi yo creativo ya agitándose, ya sintiendo que la llegada no es un destino. Es un umbral. Otro comienzo.

Este espejismo de la llegada impregna nuestra narrativa cultural. Nuestras películas terminan con la victoria triunfal, la boda, el paseo hacia el atardecer. Nuestras historias rara vez muestran lo que sucede después, los nuevos desafíos que surgen, la siguiente montaña que aparece en el horizonte.

La novelista Toni Morrison captó esto perfectamente cuando describió su experiencia después de ganar el Premio Nobel de Literatura: "Fue una experiencia muy aislada, encantadora, halagadora, pero aislante", dijo. "No sé en qué momento uno podría decir: 'Ahora puedo relajarme'... pero no creo que tenga nada que ver con haber hecho algo".

Incluso en la cima del reconocimiento, la sensación de haber "llegado" seguía siendo elusiva.

Esta sensación no se limita al logro creativo. He hablado con CEOs que finalmente llegaron a la oficina de la esquina solo para descubrir que no era lo que imaginaban. Con padres que criaron a sus hijos perfectamente, solo para sentir un vacío cuando se fueron de casa.

La Alegría de la Inquietud

Con atletas que ganaron el campeonato, pero se encontraron preguntando: "¿Y ahora qué?"

El patrón es notablemente consistente: el logro trae alegría momentánea, pero rara vez la satisfacción sostenida que esperamos.

Esta fijación en la llegada y el logro individual no es universal. Muchas culturas alrededor del mundo miden el éxito a través de lentes completamente diferentes. En la filosofía japonesa, existe el concepto de "kaizen" o mejora continua, que valora el proceso continuo por encima de cualquier estado final. Muchas comunidades indígenas miden el logro a través de la contribución a la armonía colectiva y el impacto generacional en lugar de hitos personales. En partes de Escandinavia, el concepto de "lagom" (que significa "justo lo suficiente") desafía la idea misma de que más logros equivalen a más satisfacción. Estas perspectivas alternativas nos recuerdan que nuestra implacable búsqueda de puntos de llegada podría estar condicionada culturalmente en lugar de ser una necesidad humana inherente.

¿Qué hace que este espejismo sea tan poderoso? Parte de ello radica en nuestra neurobiología. Nuestros cerebros están programados para perseguir, buscar, esforzarse. La dopamina, a menudo llamada el "neurotransmisor de la recompensa", en realidad aumenta en anticipación de la recompensa, no al recibirla. Estamos literalmente diseñados para querer más de lo que tenemos.

Pero la cultura amplifica esta tendencia natural. Desde la infancia, estamos condicionados a organizar nuestras vidas en torno a puntos finales: la buena calificación, la aceptación universitaria, el ascenso, el plan de jubilación. Incluso nuestro ocio se vuelve orientado al logro: las vacaciones que documentamos para demostrar que estuvimos allí, el pasatiempo que dominamos en lugar de simplemente disfrutar.

La ironía es dolorosa: en nuestra implacable búsqueda de la llegada, nos perdemos el viaje por completo. Tratamos el presente como un simple medio para un estado futuro, sin darnos cuenta de que el presente es todo lo que tenemos.

Esto puede sentirse desorientador al principio, como si el suelo se moviera constantemente bajo tus pies. Pero si miramos más profundamente, hay una belleza silenciosa en el movimiento. La sensación de que no estamos terminados. Que algo dentro de nosotros todavía quiere crecer, crear, expandirse.

Ahí es donde se esconde la alegría, no en la llegada, sino en el compromiso.

El Problema Con "Terminado"

El mito de la llegada no es solo falso, es activamente dañino. Nos entrena para ver el viaje como un medio para un fin. Para empujar a través de la incomodidad, la incertidumbre, el desorden, solo para llegar al otro lado.

Pero ¿y si el desorden *es* la magia?

¿Y si el tropiezo, la configuración, el refinamiento, *es el punto*?

El psicólogo Mihaly Csikszentmihalyi, quien fue pionero en el concepto de "flujo", encontró algo sorprendente en sus décadas de investigación: las personas informan su satisfacción más profunda no cuando están relajándose en vacaciones o celebrando una victoria, sino cuando están completamente absortas en un desafío significativo.

En otras palabras: somos más felices no cuando hemos llegado, sino cuando estamos comprometidos en convertirnos.

Esta percepción va en contra de todo lo que nuestra cultura orientada al logro nos dice. Se nos enseña a soportar el viaje para llegar al destino. Tolerar el proceso por el bien del producto. Sacrificarse ahora por la recompensa después.

Pero, ¿y si esta ecuación está al revés?

Considera al artesano que pasa décadas perfeccionando su habilidad. Sí, crean objetos hermosos, pero pregúntales sobre su trabajo, y te hablarán del proceso. La forma particular en que el material se siente bajo sus manos. Las decisiones sutiles que toman con cada pieza. La conversación continua entre el hacedor y lo hecho.

Su alegría no viene de terminar el proyecto. Viene de estar completamente inmerso en la creación.

Lo mismo es cierto para el científico que persigue una pregunta, el padre que cría a un hijo, el jardinero que cuida plantas, el atleta que mejora su forma. En cada caso, los momentos de mayor satisfacción no vienen de la finalización, sino del compromiso, de estar completamente presente en el proceso de desenvolvimiento.

Cuando nos fijamos en el destino, adormecemos la experiencia de convertirnos. Nos perdemos los cambios sutiles, los avances nacidos de la tensión, los momentos de asombro que no llegan a nuestros momentos destacados.

Esta fijación en "terminado" también genera un tipo peculiar de ansiedad. Si nuestro valor está ligado a la finalización, entonces nuestros proyectos sin terminar se convierten en acusaciones. Nuestras metas no alcanzadas se convierten en evidencia de fracaso. Nuestras preguntas en curso se convierten en signos de inadecuación.

Comenzamos a vivir en un estado perpetuo de "aún no suficiente", siempre esforzándonos, nunca llegando.

El sistema educativo refuerza esta mentalidad. Los estudiantes aprenden a ver las tareas como obstáculos que superar en lugar de oportunidades para explorar. La pregunta se convierte en "¿Terminé?" en lugar de "¿Qué descubrí?" El enfoque cambia del aprendizaje a la finalización.

Incluso nuestro enfoque del crecimiento personal cae presa de este pensamiento. Intentamos "arreglarnos", convertirnos en "mejores versiones" como si fuéramos productos a perfeccionar en lugar de seres vivos en constante evolución.

¿Qué podría cambiar si valoráramos el proceso por encima de la finalización? ¿Si viéramos lo inacabado, lo imperfecto, lo que está en proceso no solo como aceptable sino como hermoso?

La alegría no es un lugar fijo en un mapa. Es una corriente. Una forma de moverse por el mundo.

Creando desde el Medio

Entonces, ¿dónde nos deja esto?

Nos deja aquí.

En el medio.

En el lugar donde aún no conocemos el final.

Donde todavía estamos dando forma, cuestionando, desplegándonos.

Y ese es un lugar sagrado para estar.

Es aquí, en este espacio de incertidumbre y deseo, donde nuestro yo creativo despierta. Esa parte de nosotros que no necesita llegar, porque sabe que la alegría está en el hacer.

Crear desde el medio significa abrazar el poder generativo de lo incierto. Significa reconocer que la vida, real, vibrante, significativa, no ocurre en los finales, sino en medio.

Considera al músico de jazz improvisando. Ella no sabe exactamente hacia dónde irá la música. Comienza con un tema, quizás, pero luego escucha. Responde. Sigue el sonido emergente. Su arte existe precisamente porque está dispuesta a crear desde el medio, a hacer sin saber el final.

O piensa en la conversación que cambia tu perspectiva. No sigue un guion. Se desarrolla a través de preguntas y respuestas, a través de la voluntad de ambas partes de entrar en terreno incierto, de hablar sin saber exactamente qué dirán, de escuchar sin saber qué escucharán.

El medio es donde ocurre el descubrimiento. Donde entra la sorpresa. Donde encontramos tanto nuestros límites como nuestras capacidades inesperadas.

Pero crear desde el medio no se trata solo de arte o conversación. Se trata de cómo abordamos cada dimensión de nuestras vidas.

Es el emprendedor que lanza antes de que todo sea perfecto, que permanece receptivo a lo que emerge.

Es el padre que reconoce que criar hijos no se trata de producir un "resultado" particular, sino de estar presente en la relación en desarrollo.

Es la comunidad que aborda problemas complejos no con planes rígidos de cinco años, sino con enfoques iterativos que evolucionan a medida que se profundiza la comprensión.

Vivir creativamente no se trata de ser un artista en el sentido tradicional. Se trata de comprometerse con la vida como un lienzo. Responder. Inventar. Importar.

Puedes vivir creativamente en una fábrica, en una cocina, en una organización sin fines de lucro, en la forma en que crías a tus hijos, en la forma en que lideras.

Y no necesitas esperar permiso.

Crear desde el medio requiere un tipo particular de coraje. No el coraje de empujar hacia la línea de meta, sino el coraje de permanecer en la incertidumbre. De confiar en el proceso. De creer que el significado emerge no solo de la finalización, sino del compromiso.

Es el coraje de decir: No sé exactamente hacia dónde va esto. Pero estoy comprometido con la exploración.

Esta postura hacia la vida nos abre a la alegría de una manera que el pensamiento de llegada no puede. Cuando no estamos fijados en los puntos finales, nos volvemos disponibles para el momento. Notamos más. Respondemos más libremente. Descubrimos posibilidades que no aparecerían si estuviéramos cargando directamente hacia un destino predeterminado.

El medio no es algo que soportar. Es algo que habitar.

Una Nueva Definición de Éxito

¿Y si redefiniéramos el éxito?

No como llegada.

No como maestría.

Sino como *movimiento* hacia lo que importa.

El éxito, entonces, se convierte en el acto de alinear tu vida con lo que te importa, incluso si está incompleto. Incluso si está desordenado. Incluso si nadie más lo ve.

Hay algo hermosamente rebelde en decir:

- Seguiré adelante.
- Seguiré creando.
- Seguiré convirtiéndome.

No porque no sea suficiente.

Sino porque estoy profundamente vivo.

Esta redefinición nos pide cambiar nuestras métricas. En lugar de medir resultados, medimos alineación. En lugar de preguntar "¿Llegué?", preguntamos "¿Me estoy moviendo en una dirección que me importa?"

El poeta David Whyte captura esto perfectamente cuando escribe: "El antídoto para el agotamiento no es el descanso. El antídoto para el agotamiento es la entrega completa".

La entrega completa no es llegada. Es presencia. Es cuidado. Es la voluntad de estar donde estamos, sentir lo que sentimos y responder con toda nuestra capacidad creativa.

Esta definición de éxito nos libera de la tiranía de la comparación. Cuando el éxito es llegada, estamos constantemente midiendo nuestro progreso contra otros. Cuando el éxito es alineación, nos volvemos hacia adentro, hacia nuestra propia brújula.

También nos libera de la parálisis del perfeccionismo. Cuando el éxito se define por resultados impecables, dudamos en comenzar. Cuando el éxito es alineación, podemos comenzar desordenados. Podemos abrazar los pasos vacilantes. Podemos confiar en que el camino emerge al caminar, no antes.

Este replanteamiento cambia cómo nos acercamos al legado también. El legado se convierte no en lo que dejamos atrás, los artefactos estáticos de nuestros logros, sino en la calidad del movimiento que traemos a cada día. El cuidado con el que nos comprometemos. La vivacidad que cultivamos y compartimos.

María, una cliente mía, pasó quince años subiendo la escalera corporativa. Hizo todo "bien", títulos avanzados, movimientos estratégicos de carrera, sacrificios de tiempo y energía. Cuando finalmente consiguió la posición de alta dirección que había estado buscando, se dio dos semanas para celebrar. Luego se pondría a disfrutar de su llegada.

Dos meses después, me llamó.

"Pensé que me sentiría diferente", dijo. "Pensé que finalmente me sentiría... no sé. ¿Completa?"

En cambio, se sentía inquieta. No porque el trabajo no fuera bueno, era un trabajo desafiante que realmente le importaba. Sino porque había estado operando bajo la suposición de que este logro de alguna manera transformaría su paisaje interior. Que la llegada apagaría la misma hambre que la había impulsado a sobresalir.

No fue así.

Durante el año siguiente, María cambió gradualmente su definición de éxito. En lugar de centrarse en el siguiente peldaño de la escalera, comenzó a preguntarse qué tipo de líder quería ser hoy. Cómo quería presentarse para su equipo, su organización, ella misma.

No se volvió menos motivada o ambiciosa. Pero su ambición cambió de carácter. Se volvió menos sobre alcanzar puntos finales y más sobre encarnar valores. Menos sobre llegar y más sobre comprometerse.

Y paradójicamente, este cambio la convirtió en una líder más efectiva. Como ya no trataba el presente como un medio para un objetivo futuro, podía estar completamente presente ante lo que realmente estaba sucediendo en su organización. Podía escuchar más profundamente, responder más creativamente, liderar más auténticamente.

Su historia ilustra una profunda verdad: Cuando redefinimos el éxito como alineación en lugar de llegada, no abandonamos el logro. Lo fundamentamos en algo más sustentable, la conversación continua entre quiénes somos y lo que nos importa.

Este no es un cambio de una sola vez. La atracción del pensamiento de llegada está profundamente arraigada en nuestra cultura y en nuestro propio condicionamiento. Todavía nos encontraremos fijándonos en los puntos finales, midiendo nuestro valor por los resultados, tratando el presente como simplemente un camino hacia el futuro.

Pero cada vez que notamos este patrón, tenemos una opción. Podemos regresar suavemente a la cuestión de la alineación. Podemos preguntar: ¿Qué me importa aquí? ¿Cómo puedo moverme en esa dirección hoy? ¿Qué significaría comprometerse completamente con lo que está ante mí?

En última instancia, esta redefinición del éxito nos invita a una relación más honesta con el tiempo. Ninguno de nosotros sabe cuántos días tenemos. Gastarlos perpetuamente alcanzando momentos futuros es perderse la única vida que se nos da.

El éxito se convierte en el arte de presentarse plenamente para la vida que está aquí. La que todavía se está desarrollando. La que nunca se termina, pero siempre está naciendo.

Práctica de Reflexión: Honra Tu Sinfonía Inacabada

Tómate un tiempo con las siguientes preguntas. No hay respuestas correctas, solo tu reflexión honesta.

1. **Audita tus llegadas.** ¿Cuáles son las "llegadas" en las que te has estado fijando? Haz una lista de los puntos finales que crees que te traerán satisfacción, paz o una sensación de haber "llegado".
2. **Recuerda llegadas pasadas.** Piensa en tres logros significativos en tu vida, momentos en los que "llegaste" a algo por lo que habías estado trabajando. ¿Cómo se sintió cada uno en los días y semanas posteriores? ¿Duró la satisfacción? Si no, ¿qué surgió en su lugar?
3. **Nota tus medios.** ¿Dónde en tu vida estás actualmente en "el medio" de algo? ¿Un proyecto, una relación, un período de crecimiento? ¿Cómo se siente estar en este espacio inacabado?
4. **Siente tu inquietud.** ¿Dónde sientes una sensación de inquietud creativa? ¿Un tirón hacia algo diferente o más alineado? ¿Qué podría estar tratando de decirte esta incomodidad?
5. **Imagina un cambio.** ¿Qué cambiaría en tu experiencia diaria si valoraras el medio tanto como los puntos finales? ¿Si vieras el convertirse tan valioso como el llegar?

Recuerda: Tu valor no depende de cruzar líneas de meta. Vive en cuán plenamente te presentas para la carrera misma.

Si la llegada es un mito, entonces ¿qué seguimos en su lugar? ¿Qué nos guía hacia adelante cuando la certeza se desvanece? En el próximo capítulo, nos dirigiremos hacia la inquietud, no como un defecto, sino como una brújula.

La alegría está en el convertirse.

La Alegría de la Inquietud

CAPÍTULO 2

La Inquietud como Brújula Creativa

El Impulso
Hay un impulso bajo la calma,
un murmullo tras el silencio.
No un defecto,
sino una fuerza.
Llamándonos a notar,
a alcanzar,
a movernos.
A menudo tratamos de silenciarlo.

Esa sensación inquieta que tira de nosotros mientras permanecemos quietos. Ese susurro que llega cuando todo en el papel parece estar bien, pero algo en nosotros todavía se agita.

Lo llamamos inquietud. O distracción. O ansiedad.

Pero ¿y si es algo más?

¿Y si no es un problema que arreglar, sino una *señal que seguir?*

The Compass Within

La inquietud ha sido malinterpretada.

Se nos ha enseñado a verla como un defecto, evidencia de nuestra incapacidad para estar agradecidos por lo que tenemos, prueba del constante anhelo de nuestra cultura por más. Cuando sentimos esa agitación interna, somos rápidos en juzgarla. En patologizarla. En verla como algo que superar.

¿Y si la hemos estado viendo de manera equivocada?

¿Y si la inquietud no es un error en nuestro sistema, sino una característica? ¿No un problema que resolver, sino un sofisticado mecanismo de orientación interna que nos señala hacia el crecimiento, el descubrimiento y la creación?

La inquietud no siempre es sobre la insatisfacción con la vida, a menudo es un sutil llamado a *comprometerse más profundamente* con ella. Una especie de brújula interna que apunta hacia lo que más importa. Es el tirón que dice, *"Hay algo aquí. Presta atención."*

Todd Kashdan, un psicólogo que estudia la curiosidad y la flexibilidad psicológica, describe este tirón como un ingrediente esencial en la creación de significado. Escribe:

"La incomodidad es el precio de admisión a una vida significativa."

Su investigación revela algo contraintuitivo: las personas que están dispuestas a tolerar la tensión de la inquietud, en lugar de buscar inmediatamente alivio a través de la distracción o la comodidad fácil, reportan mayor satisfacción con la vida y sentido de propósito con el tiempo.

Esto tiene sentido cuando consideramos cómo ocurre la innovación. Piensa en los avances más significativos en el conocimiento humano,

La Inquietud como Brújula Creativa

el arte o la resolución de problemas. Rara vez surgen del contentamiento con el statu quo. Vienen de alguien que nota lo que otros pasan por alto. De sentir una fricción que otros ignoran. De preguntar, "¿Podría esto ser diferente?"

Esa fricción es inquietud. Y es el comienzo de la creación.

Considera a Grace Hopper, la científica informática que fue pionera en los lenguajes de programación independientes de la máquina. Cuando le dijeron que las computadoras solo podían seguir instrucciones existentes, sintió una inquietud, una sensación de que debía haber una forma más intuitiva para que los humanos y las máquinas se comunicaran. Esa inquietud la llevó a desarrollar el primer compilador, cambiando fundamentalmente cómo interactuamos con las computadoras.

O piensa en Martha Graham, que se sentía confinada por las rígidas estructuras del ballet clásico. En lugar de suprimir su incomodidad, la siguió. Se preguntó cómo sería una danza si emergiera del centro del cuerpo, de la respiración, la contracción, la liberación, en lugar de posiciones preestablecidas. Su inquietud dio nacimiento a la danza moderna, remodelando las posibilidades de esta forma de arte.

Estos creadores no lograron sus metas porque estuvieran libres de inquietud. Lograron porque trataron su inquietud como información. Como una brújula.

Cuando adormecemos la inquietud, a menudo adormecemos el potencial.

Cuando la escuchamos, comenzamos a movernos, no lejos de nosotros mismos, sino hacia algo más alineado.

Esto no es cierto solo para los avances artísticos o científicos. Es igualmente relevante para la creatividad cotidiana de vivir. El padre que siente que algo está mal en su relación con su hijo adolescente e inicia una conversación difícil. El maestro que nota a los estudiantes desconectados y rediseña el plan de estudios. El amigo que percibe una tensión no expresada y la saca a la luz.

Considera a Elías, un trabajador de fábrica que había operado la misma máquina durante quince años. Día tras día, los mismos movimientos, el mismo ritmo. El trabajo pagaba bien, y en el papel, todo estaba bien. Pero una inquietud había estado creciendo en él durante meses, una sensación de que algo no estaba del todo bien con el flujo de trabajo, que había una mejor manera de organizar su estación.

Al principio, trató de ignorarlo. ¿Quién era él para cuestionar el sistema establecido? Pero la incomodidad persistió. Finalmente, un martes por la mañana, llegó temprano y reorganizó su espacio de trabajo basándose en las intuiciones que le habían estado molestando. Movió herramientas más cerca, ajustó la altura de ciertos componentes y creó un simple sistema de seguimiento para sus materiales.

El cambio parecía pequeño, pero el efecto fue profundo. No solo mejoró su eficiencia, sino que surgió una satisfacción más profunda en su trabajo. Su pequeña respuesta creativa a la inquietud reveló algo importante: incluso en entornos altamente estructurados, hay espacio para un compromiso significativo, para traer más de nosotros mismos a lo que hacemos.

"Había estado tratando la inquietud como una señal de que necesitaba un nuevo trabajo", me dijo Elías. "Pero no me estaba diciendo que me fuera, me estaba diciendo que me comprometiera de manera diferente con donde ya estaba".

Cada uno de estos ejemplos representa una respuesta a la inquietud, permitiéndole guiar hacia un compromiso más auténtico.

Pero seguir esta brújula requiere coraje. Significa dar un paso hacia la incertidumbre. Arriesgarse al fracaso. Enfrentarse a la resistencia, tanto interna como externa.

No es de extrañar que a menudo intentemos silenciarla.

La inquietud nos pide que nos movamos cuando quedarnos quietos sería más fácil. Nos invita a hablar cuando el silencio sería más seguro. Sugiere que las cosas podrían ser diferentes cuando la aceptación sería más cómoda.

Sin embargo, aquellos que aprenden a confiar en esta brújula a menudo descubren algo sorprendente: la incomodidad de ignorar la inquietud es, en última instancia, mayor que la incomodidad de atenderla. Hay una paz peculiar que viene no de silenciar el llamado, sino de responder a él, incluso si esa respuesta es desordenada e imperfecta.

Como Kashdan lo expresa, "La capacidad de estar incómodo y continuar actuando con propósito es lo más cercano a un superpoder que tienen los humanos".

El Impulso Creativo Bajo La Inquietud

¿Alguna vez te has sentido extrañamente vivo mientras reorganizabas un espacio, esbozabas una idea que aún no entendías completamente, o dibujabas algo solo para ver en qué podría convertirse?

Ese es el yo creativo respondiendo a la brújula de la inquietud.

No siempre comienza con claridad. A menudo comienza con un impulso, uno que rascas no con respuestas, sino con *acción*.

Vemos esto en artistas e innovadores, sí, pero también en creadores cotidianos:

La Alegría de la Inquietud

Un maestro que reescribe el plan de estudios porque el antiguo se siente sin vida.

Un dueño de negocio que siente que la cultura se ha desviado de su propósito y comienza a remodelarla.

Un padre que, en la quietud del agotamiento, inventa un nuevo ritual para la hora de dormir que se vuelve sagrado.

Estos son actos de respuesta al susurro: *"Esto podría ser mejor. Esto podría ser diferente. Veamos."*

La creatividad, en su esencia, no se trata de hacer arte. Se trata de crear significado. Se trata de notar lo que aún no existe y traerlo a la existencia. Y ese proceso casi siempre comienza con un momento de descontento, una fricción entre lo que es y lo que podría ser.

La escritora Ursula K. Le Guin capturó esto perfectamente cuando dijo: "El adulto creativo es el niño que sobrevivió". Estaba señalando la capacidad humana innata de responder al mundo no solo aceptándolo, sino reimaginándolo.

Los niños hacen esto naturalmente. Observa a un niño jugando, y lo verás transformando constantemente su entorno. El palo se convierte en una varita. La caja se convierte en una fortaleza. Sienten un impulso creativo y responden a él sin vacilación ni autoconciencia.

Como adultos, a menudo perdemos contacto con este impulso. Nos convertimos en consumidores en lugar de creadores. Nos centramos en arreglar problemas en lugar de explorar posibilidades. Nos preguntamos "¿Qué está mal conmigo?", cuando nos sentimos inquietos, en lugar de "¿Qué está invitando esta inquietud a crear?"

Pero ese impulso creativo no desaparece. Persiste bajo la superficie de nuestras vidas cuidadosamente ordenadas. Y cuando sentimos esa inexplicable inquietud, esa sensación de que algo falta o está incompleto, a menudo es este yo creativo, empujándonos a comprometernos.

Considera el caso de Maya, una abogada corporativa que pasó años construyendo una carrera exitosa. Tenía el título, el respeto, la seguridad financiera. Y, sin embargo, sentía una persistente inquietud que no podía nombrar.

"Pensé que algo estaba mal conmigo", me dijo. "Tenía todo lo que se suponía que debía querer".

Pero la inquietud persistió. Se manifestaba como irritabilidad, como dificultad para dormir, como una vaga sensación de desconexión de su trabajo.

En lugar de medicar estos síntomas o descartarlos como ingratitud, Maya se volvió curiosa. Comenzó a prestar atención a cuándo la inquietud se intensificaba y cuándo se calmaba. Notó que era más fuerte durante ciertos tipos de casos y casi inexistente cuando estaba trabajando en casos pro bono con causas ambientales.

Esto no se trataba de odiar su trabajo. Se trataba de que su yo creativo reconociera una desalineación entre sus valores más profundos y cómo estaba pasando sus días.

Maya no dejó el derecho. Pero sí comenzó a redirigir su práctica hacia el derecho ambiental. Comenzó a escribir sobre la intersección de la responsabilidad corporativa y la sostenibilidad. Inició un comité verde en su firma.

La inquietud no desapareció, se transformó en energía creativa.

"Me di cuenta de que no estaba rota", dijo. "Me estaban pidiendo que creara algo que aún no existía".

Este patrón se desarrolla a través de dominios. La inquietud que se siente como un problema a menudo es un impulso creativo buscando expresión. El descontento que parece un defecto de carácter a menudo es una brújula que apunta hacia una alineación más profunda.

La pregunta se convierte no en "¿Cómo me deshago de este sentimiento?" sino "¿Qué me está pidiendo este sentimiento que haga, remodele o traiga a la existencia?"

Curiosidad: El Motor del Llegar a Ser

En el corazón de este proceso está la curiosidad. Kashdan y otros han demostrado que la curiosidad no es solo un rasgo, es una habilidad, una mentalidad, incluso una forma de ser.

Y a menudo es desencadenada por la inquietud.

La curiosidad hace preguntas como:

¿Qué hay bajo este sentimiento?
¿Qué pasaría si...?
¿Qué no estoy viendo todavía?

La diferencia entre el descontento destructivo y la inquietud generativa yace en este cambio, de la frustración a la *indagación*.

La escritora de ciencia ficción Octavia Butler capturó esta relación con el descontento creativo a través de lo que ella llamaba "obsesión positiva". "La obsesión positiva se trata de no poder parar solo porque estás asustado y lleno de dudas", escribió (Butler, 1995).

Para Butler, el tic creativo no era algo que callar, sino algo que seguir con atención disciplinada. "Primero olvida la inspiración. El hábito es más confiable. El hábito te sostendrá, ya sea que estés inspirado o no" (Butler, 1995).

La Inquietud como Brújula Creativa

Lo que Butler entendió fue que la inquietud creativa no se resuelve esperando inspiración. Se responde a través del compromiso constante, a través de presentarse para el trabajo, día tras día, independientemente de cómo te sientas. El tic se convierte no en mera inquietud, sino en una invitación a practicar.

La curiosidad transforma la inquietud de un problema en un portal. Nos mueve del juicio a la exploración, del estancamiento a la posibilidad.

Piénsalo de esta manera: la inquietud es la brújula, apuntando hacia algo que importa. La curiosidad es el motor que nos impulsa en esa dirección.

La investigación en neurociencia apoya esto. Cuando nos volvemos curiosos sobre algo, el cerebro libera dopamina, el mismo neurotransmisor asociado con el placer y la motivación. La curiosidad literalmente nos hace sentir bien, animándonos a seguir explorando.

Pero aún más fascinante es lo que la curiosidad hace a nuestra percepción. Los estudios muestran que cuando somos curiosos, en realidad vemos más. Nuestra atención se amplía. Notamos detalles que de otro modo se deslizarían bajo nuestra conciencia. Hacemos conexiones entre ideas dispares.

Esto explica por qué algunos de los avances más significativos en la ciencia, el arte y los negocios no provienen de la resolución de problemas enfocada, sino de la curiosidad abierta. Alexander Fleming descubriendo la penicilina al notar el moho en sus placas de Petri. Pablo Picasso siendo influenciado por máscaras africanas. Steve Jobs tomando una clase de caligrafía que más tarde influiría en el diseño del Macintosh.

En cada caso, la curiosidad les permitió ver más allá de lo obvio, hacer conexiones a través de fronteras, seguir hilos de interés sin necesariamente saber a dónde los llevarían.

Este tipo de curiosidad no es solo para genios o artistas. Está disponible para todos nosotros. Es la energía detrás del jardinero que experimenta con nuevas combinaciones de plantas, el cocinero que juega con sabores inesperados, el padre que descubre una nueva forma de conectar con su hijo.

La inquietud se convierte en alegría cuando se abre a la curiosidad. Cuando nos invita no a escapar, sino a explorar.

Pero cultivar esta curiosidad requiere un cambio en cómo nos relacionamos con la incomodidad. En lugar de ver la inquietud como algo que arreglar, aprendemos a darle la bienvenida como el comienzo del descubrimiento. Nos volvemos curiosos sobre nuestra propia experiencia.

Esto no significa que cada momento de inquietud lleve a un cambio de vida importante o un avance creativo. A veces la exploración es sutil, un pequeño ajuste, una nueva perspectiva, un momento de comprensión más profunda.

Lo que importa es la postura: una disposición a volverse hacia la inquietud en lugar de alejarse de ella. A preguntar "¿Qué hay aquí?" en lugar de "¿Cómo hago que esto desaparezca?"

A medida que desarrollamos esta capacidad, algo notable sucede. La inquietud misma comienza a cambiar de carácter. Se vuelve menos amenazante, menos abrumadora. Comenzamos a reconocerla como una aliada familiar en el proceso creativo más que como un enemigo a vencer.

Desarrollamos lo que los psicólogos llaman tolerancia a la ambigüedad, la capacidad de permanecer abiertos y comprometidos, incluso cuando las cosas son inciertas o no están resueltas. Y esta tolerancia se convierte en un superpoder en un mundo que está constantemente cambiando, constantemente presentando nuevos desafíos y oportunidades.

La curiosidad no es solo el motor del devenir. Es la clave para la resiliencia en un mundo que nunca deja de evolucionar.

Una Práctica: Siguiendo el Impulso

Entonces, ¿cómo trabajamos realmente con la inquietud como una brújula creativa? ¿Cómo cultivamos la curiosidad que transforma el descontento en descubrimiento?

Comienza con una simple práctica: notar el impulso -- una señal sutil incorporada que algo está llamando tu atención.

En borradores anteriores, lo llamé un destello. Pero impulso se siente más verdadero, más visceral, más vivo. Un impulso es ese pequeño, casi imperceptible sacudida de atención, un empujón corporal hacia algo que importa. Mi próximo libro, Flip the TWITCH, explora esta idea en profundidad. Pero por ahora, sabe esto: aprender a notar y honrar el impulso es el comienzo de moverse con propósito.

Intenta esto:

Piensa en la última vez que te sentiste fuera de lugar. No devastado, solo inquieto.

Ahora haz una pausa. Pregunta:

- ¿Qué no estaba alineado?
- ¿Qué sentí sobre el impulso de ajustar, cambiar o moverme hacia algo?
- ¿Qué impulso estaba tratando de llamar mi atención?

Ese impulso puede no haberte estado llamando a comenzar una empresa o escribir una novela. Tal vez solo quería que caminaras por una ruta diferente, cambiaras el tono de una conversación o reorganizaras tu escritorio.

La pequeña inquietud puede llevar a una gran alegría.

La clave es aprender a distinguir entre diferentes tipos de incomodidad interna. No toda inquietud es de naturaleza creativa. A veces estamos simplemente cansados. O hambrientos. O respondiendo al estrés externo.

Pero la inquietud creativa tiene una cualidad particular. No es solo incomodidad, es incomodidad con energía direccional. No solo quiere alivio; quiere respuesta. Tiene un vector, apuntando hacia algo que importa.

Aprender a reconocer este sabor específico de inquietud requiere práctica. Es una habilidad interna sutil, como desarrollar un paladar para el vino o un oído para la música. Pero es una habilidad que vale la pena cultivar, porque nos conecta directamente con nuestra capacidad creativa.

Aquí hay algunas prácticas específicas para desarrollar esta habilidad:

1. El Check-in Diario

Reserva cinco minutos cada día para preguntar: "¿Dónde me siento inquieto hoy? ¿Qué me está pidiendo esa inquietud?" No juzgues las respuestas. Solo nótalas. Con el tiempo, surgirán patrones.

2. La Respuesta Creativa

Cuando notes inquietud, responde con un pequeño acto creativo. Escribe un párrafo. Dibuja una imagen. Reorganiza tu espacio. Mueve tu cuerpo de una nueva manera. Mira qué sucede cuando tratas la inquietud como una invitación a crear en lugar de un problema a resolver.

3. El Paseo de la Curiosidad

Da un paseo sin destino. Sigue lo que atrae tu atención. Gira a la izquierda cuando te sientas atraído hacia la izquierda. Detente cuando algo te interese. Deja que la curiosidad sea tu guía. Nota cómo la mente inquieta a menudo se asienta cuando el cuerpo está en movimiento.

4. El Juego del "¿Y Si...?"

Al enfrentar un desafío o sentirte estancado, genera una lista de preguntas "¿Y si?". ¿Y si abordáramos esto de manera diferente? ¿Y si lo opuesto fuera cierto? ¿Y si las limitaciones fueran en realidad ventajas? Esta indagación lúdica puede transformar la inquietud en posibilidad.

5. El Permiso

Escríbete a ti mismo un permiso literal para explorar algo que te llama, por impracticable o incierto que parezca. "Me doy permiso para..." Este simple acto puede desbloquear energía creativa que ha sido suprimida por la practicidad o el miedo.

Estas prácticas no se tratan de agregar más a tu lista de tareas pendientes. Se tratan de desarrollar una relación diferente con la inquietud que ya está ahí. De aprender a verla no como un obstáculo para la paz, sino como una puerta hacia un compromiso más profundo.

A medida que trabajas con estas prácticas, probablemente notarás algo sorprendente: seguir el destello no siempre lleva a donde esperas. Rara vez sigue una línea recta. Puede llevarte por desvíos y callejones sin salida. Podría pedirte que retrocedas o cambies de dirección por completo.

Eso es normal. El camino creativo no es lineal. Es exploratorio. Es receptivo. Se despliega a medida que nos involucramos con él.

La brújula de la inquietud no siempre apunta a un destino específico. A veces simplemente apunta hacia el siguiente paso. La siguiente pregunta. La siguiente posibilidad.

Y eso es suficiente. Porque la alegría no está en llegar, está en seguir el llamado. En responder sí al impulso creativo bajo el descontento. En descubrir qué quiere emerger a través de ti.

La inquietud como una forma de cuidado.

La inquietud como una brújula creativa.

El impulso como una invitación.

No para escapar de la vida que tienes, sino para comprometerte más profundamente con la vida que te está llamando.

Inquietud y Cuidado: La Misma Fuente

Estar inquieto es *importar*.

Querer más, para ti mismo, para otros, para el trabajo que haces.

Estar descontento con la apatía o el estancamiento.

Hay un tipo de amor silencioso en la persona que dice:

"Esto podría ser mejor. Intentémoslo."

Ese es el impulso creativo.

Esa es la brújula despertando.

En un mundo que a menudo nos anima a conformarnos, a adaptarnos, a hacer las paces con las cosas como son, hay algo radical en honrar la inquietud. Es un rechazo a entumecerse. Un compromiso a permanecer despierto tanto a la belleza como a lo que está roto en nuestro mundo.

Este tipo de inquietud no se trata del perfeccionismo. No se trata de rechazar lo que es. Se trata de importar lo suficiente como para imaginar lo que podría ser.

Es el maestro que se queda despierto hasta tarde rediseñando una lección porque le importan sus estudiantes. El médico que sigue investigando porque le importa encontrar mejores tratamientos. El ciudadano que se presenta en las reuniones comunitarias porque le importa el futuro de su vecindario.

Esta inquietud llena de cuidado está en el corazón de todo cambio significativo, tanto personal como colectivo.

Considera el movimiento por los derechos civiles. Comenzó con una inquietud, un rechazo a aceptar las cosas como eran. Pero esta inquietud no era solo el descontento. Era cuidado, un profundo cuidado por la dignidad humana, por la justicia, por un mundo que reflejara más de cerca valores más profundos.

O piensa en el movimiento ambiental. Comenzó con personas que no podían descansar tranquilas con la degradación que presenciaban. Su inquietud no era solo ansiedad sobre el futuro, era cuidado por el mundo viviente, por las generaciones futuras, por el delicado equilibrio que nos sostiene a todos.

O quizás Chris LeBrón, el cantante dominicano que tomó una guitarra en Bajos de Haina porque algo dentro de él se agitaba. Ese impulso lo llevó desde ensayos en el patio trasero hasta colaboraciones globales, no porque supiera a dónde lo llevaría, sino porque le importaba lo suficiente como para seguir el tirón.

La Alegría de la Inquietud

En una escala más personal, piensa en el padre que siente que su hijo está luchando y no puede simplemente encogerse de hombros. Su inquietud no es neurosis, es amor, expresándose como un rechazo a ignorar lo que importa.

Cuando enmarcamos la inquietud como cuidado, algo cambia en cómo nos relacionamos con ella. Ya no es algo que suprimir o superar. Se convierte en algo que honrar, una señal de que todavía estamos comprometidos, todavía receptivos, todavía vivos a lo que importa.

Esto no significa que actuemos sobre cada impulso inquieto. No todas las formas de cuidado requieren acción inmediata. A veces la respuesta más cuidadosa es la paciencia, o la escucha profunda, o simplemente ser testigo.

Pero sí significa que dejamos de patologizar nuestra propia capacidad de respuesta al mundo. Dejamos de ver nuestra incapacidad para "estar contentos" como un defecto de carácter. Lo reconocemos como la agitación del cuidado, el movimiento de la vida continuando desplegándose a través de nosotros.

Hay un hermoso término en la tradición judía: "tikkun olam". Significa "reparación del mundo". Sugiere que todos somos participantes en un proceso continuo de sanación y restauración. Nuestra inquietud, nuestra conciencia de lo que permanece roto o incompleto, es parte de ese proceso.

No es una carga de la que liberarse. Es un llamado que abrazar.

Así que la próxima vez que sientas esa agitación, esa sensación de que algo no está del todo bien, que más es posible, que algo quiere cambiar, intenta enmarcarlo de manera diferente. No como ansiedad a calmar, sino como cuidado pidiendo ser expresado.

Pregúntate: ¿Por qué es este cuidado? ¿Qué importa tanto que no puedo permanecer inmóvil?

Y luego, con gentileza hacia ti mismo y los demás, sigue ese cuidado donde te lleve. Deja que sea tu brújula. Tu motor. Tu guía.

Porque un mundo lleno de personas que les importa lo suficiente para sentirse inquietas, que se niegan a entumecerse ante el sufrimiento o la posibilidad, es un mundo que continúa evolucionando hacia una mayor integridad.

Esa, también, es la alegría de la incomodidad. No solo la satisfacción personal de la expresión creativa, sino la satisfacción más profunda de participar en la creación continua de un mundo más hermoso.

Una vez que comenzamos a escuchar ese impulso de descontento, algo más profundo comienza a agitarse, una energía que quiere moverse. Pero el movimiento no siempre es facilidad. A veces, comienza en la fricción. Exploremos cómo esa tensión puede llevarnos a un lugar aún más poderoso: el flujo.

La inquietud como una forma de cuidado. El cuidado como una forma de amor. El amor como la fuerza creativa final.

Esa es la brújula dentro de ti. Y siempre está apuntando a casa.

Presta atención al impulso. Puede parecer pequeño, pero contiene tu próxima gran revelación.

La Alegría de la Inquietud

CAPÍTULO 3

La Fricción Que Alimenta el Flujo

Umbral
Justo antes de abrirse,
la puerta se opone.
No para cerrarte el paso,
sino para que despiertes
al cruzar el umbral.

Hay un momento, justo antes de la inmersión, cuando todo dentro de ti quiere detenerse.

Te sientas frente al lienzo, la página, el problema, y sientes un impulso de fricción. Duda. Resistencia. El impulso de alejarte, revisar tu teléfono, servir otra taza de café.

Pero si permaneces, solo un poco más, comienzas a moverte.

Algo se abre. El enfoque se agudiza. El tiempo se adelgaza. Y de repente, ya no estás intentando. Estás *dentro*.

Esta es la puerta hacia el flujo.

El flujo no es la ausencia de esfuerzo, es Compromiso

A menudo hablamos del flujo como si fuera un estado mágico: ágil, natural, sin interrupciones. El atleta "en la zona". El músico perdido en la música. El escritor cuyas palabras parecen llegar desde más allá del pensamiento consciente.

Estos momentos parecen sin esfuerzo desde fuera, como si la persona hubiera trascendido completamente la lucha. Pero esta percepción común pasa por alto algo esencial sobre el flujo.

El flujo no es la ausencia de esfuerzo, es el esfuerzo transformado.

Mihaly Csikszentmihalyi, el psicólogo que fue pionero en el estudio del flujo, lo definió como "un estado en el que las personas están tan involucradas en una actividad que nada más parece importar; la experiencia es tan placentera que las personas continuarán haciéndola incluso a gran costo, por el puro placer de hacerla".

Lo que es sorprendente de esta definición es lo que no dice. No describe el flujo como fácil. No promete comodidad. De hecho, Csikszentmihalyi encontró que las personas a menudo son más felices no cuando están relajándose, sino cuando están *desafiadas*, comprometidas en un desafío significativo que exige toda su capacidad.

Esta es la paradoja:

El flujo se siente suave, pero nace de la fricción.
Parece sin esfuerzo desde fuera, pero exige presencia completa por dentro.

Considera al escalador subiendo una ruta difícil. Desde abajo, sus movimientos pueden parecer fluidos, incluso elegantes. Pero

La Fricción Que Alimenta El Flujo

pregunta al escalador, y te contará sobre la intensa concentración requerida, los constantes microajustes, el compromiso completo de cuerpo y mente.

O piensa en el cirujano en medio de un procedimiento complejo. Puede parecer calmado, sus manos firmes. Pero internamente, está completamente absorto, tomando innumerables decisiones, recurriendo a años de entrenamiento, respondiendo momento a momento a lo que emerge.

Lo que estas experiencias comparten no es la ausencia de dificultad. Es la coincidencia perfecta entre desafío y capacidad. La pared de roca es lo suficientemente difícil para exigir atención completa, pero no tan difícil que produzca ansiedad. La cirugía requiere concentración completa, pero no más allá de lo que el cirujano está equipado para manejar.

Csikszentmihalyi llamó a esto el "canal de flujo", ese punto óptimo donde estamos operando al borde de nuestras habilidades, completamente comprometidos pero no abrumados. Muy poco desafío, y nos aburrimos. Demasiado, y nos sentimos ansiosos. ¿Pero justo bien? Ahí es donde ocurre el flujo.

Esta percepción transforma cómo pensamos sobre la fricción creativa. La resistencia que sentimos antes del flujo, la duda, la vacilación, el impulso de distraernos, no es un obstáculo a eliminar. Es una parte natural del proceso. Es el umbral que cruzamos en nuestro camino hacia un compromiso más profundo.

No llegamos al flujo evitando la incomodidad.

Llegamos *inclinándonos hacia* ella.

El escritor que empuja a través de la página en blanco eventualmente encuentra su ritmo. El músico que practica a través de la frustración alcanza un momento en que la música comienza a fluir. El atleta que trabaja a través de la fatiga descubre un segundo aire.

Es por eso que el flujo no es un estado pasivo en el que simplemente caemos. Es un compromiso activo que cultivamos a través de nuestra voluntad de permanecer con la fricción en lugar de huir de ella.

Como observó Csikszentmihalyi: "Los mejores momentos usualmente ocurren cuando el cuerpo o la mente de una persona se estira hasta sus límites en un esfuerzo voluntario para lograr algo difícil y que valga la pena".

La alegría del flujo no está en escapar del desafío.

Está en enfrentarlo plenamente.

Neurociencia en el Límite

¿Qué está pasando en el cerebro durante el flujo?

Cuando entramos en flujo, ocurren varios cambios importantes. El crítico interno que usualmente narra nuestra experiencia, cuestionando, juzgando, monitoreando, se vuelve más silencioso. Esto sucede cuando la corteza prefrontal, que maneja la autorreflexión y la autocrítica, temporalmente da un paso atrás. Los científicos llaman a esto "hipofrontalidad transitoria", y es por eso que el flujo se siente como libertad de la autoconciencia.

Mientras tanto, el cerebro libera una poderosa mezcla de neuroquímicos. La dopamina afina el enfoque y crea una sensación de recompensa. La norepinefrina aumenta la atención. Las endorfinas generan placer y facilitan nuestra percepción del esfuerzo. El resultado es un estado donde nos sentimos simultáneamente energizados y calmados, desafiados pero capaces.

Pero aquí está la percepción más importante de la neurociencia: este estado óptimo del cerebro no ocurre durante la comodidad o la rutina. Ocurre en el límite, cuando estamos empujando ligeramente más allá de la zona de confort pero no tan lejos como para estar abrumados.

Steven Kotler, quien estudia la neurociencia del flujo, lo explica simplemente: "El flujo sigue al enfoque. Se maximiza cuando la atención está completamente comprometida en el momento presente, y eso sucede más fácilmente cuando nos estamos empujando ligeramente más allá de nuestra zona de confort".

Esto explica por qué el flujo a menudo está precedido por frustración o resistencia. El cerebro no activa este estado óptimo durante actividades fáciles o rutinarias. Lo hace cuando damos un paso hacia un desafío significativo, cuando nos comprometemos con la fricción en lugar de evitarla.

Piensa en ello como la forma en que el cerebro se eleva a la ocasión. Cuando voluntariamente asumimos un desafío significativo, poderosos mecanismos neurológicos se activan para ayudarnos a enfrentarlo.

Pero el camino no siempre es suave. A menudo hay una caída antes del ascenso, un período de lucha, frustración o confusión que precede al estado de flujo. Los investigadores a veces llaman a esto "la fase de lucha", y es una parte natural del proceso.

Esta comprensión neurológica ofrece un poderoso replanteamiento: la fricción que sentimos antes del flujo no es una señal de que algo está mal. Es una señal de que estamos en el límite, exactamente donde necesitamos estar para que emerja el flujo.

Y la fricción, nuestra inquietud, nuestra resistencia, es a menudo la señal de que nos estamos acercando.

La Alegría de la Inquietud

Por Qué Resistimos Lo Que Necesitamos

Es extraño, ¿no es así?

Anhelamos la inmersión creativa, pero evitamos la tensión que abre la puerta.

Esta es la gran ironía creativa:

- Deseamos el flujo, pero tememos el umbral.
- Queremos profundidad, pero buscamos distracciones.

¿Por qué resistimos la misma incomodidad que conduce a lo que más deseamos?

Parte de la respuesta está en nuestra programación evolutiva. El cerebro humano evolucionó en un entorno donde la conservación de energía era crucial para la supervivencia. La incertidumbre y los nuevos desafíos representaban amenazas potenciales, consumiendo preciosos recursos mentales y físicos.

Nuestra configuración predeterminada es la eficiencia, hacer lo que ya sabemos hacer, permanecer dentro de territorio familiar. Esto tenía perfecto sentido para nuestros ancestros que enfrentaban escasez de recursos. Tiene menos sentido en nuestro mundo de información abundante y desafíos complejos que requieren compromiso creativo.

Pero nuestros cerebros no se han puesto al día. Todavía siguen la programación antigua: conservar energía, evitar la incertidumbre, buscar lo conocido.

Esta programación se manifiesta como resistencia, esa sensación de "no quiero" que surge cuando enfrentamos la página en blanco, la conversación difícil, la nueva habilidad que aún no se ha vuelto automática. Aparece como procrastinación, distracción, o un repentino interés en reorganizar el estante de especias cuando nos sentamos a escribir.

Pero hay otra capa en esta resistencia. El flujo requiere vulnerabilidad. Para entrar en flujo, tenemos que renunciar al control consciente, confiar en un proceso que no podemos dirigir completamente. Tenemos que estar dispuestos a fallar, a no saber, a parecer tontos.

Para muchos de nosotros, especialmente aquellos condicionados por sistemas educativos y lugares de trabajo que valoran la certeza y las respuestas correctas, esta vulnerabilidad se siente amenazante. Hemos sido entrenados para valorar el control sobre la rendición, el saber sobre el explorar.

Así que dudamos en el umbral. Sentimos la resistencia y la interpretamos como una advertencia en lugar de una invitación.

Además, nuestro entorno digital constantemente nos aleja de la profundidad que el flujo requiere. Cada notificación, cada nuevo titular, cada actualización de redes sociales crea lo que la teórica de la tecnología Linda Stone llama "atención parcial continua", un estado donde estamos siempre ligeramente distraídos, nunca completamente presentes.

El flujo, en contraste, requiere presencia completa. Exige que temporalmente demos un paso fuera del flujo de entradas y salidas para sumergirnos profundamente en una cosa. Ese desenganche puede sentirse incómodo en una cultura que valora la conexión constante y la respuesta inmediata.

Dadas estas poderosas fuerzas que trabajan contra el flujo, no es de extrañar que resistamos el umbral. Pero esta resistencia no es un fracaso personal. Es una respuesta natural tanto a nuestra programación evolutiva como a nuestro condicionamiento cultural.

La resistencia antes del flujo no es un error, es la llave que abre la puerta.

Y si podemos replantear esa fricción no como una señal de pare, sino como una señal, todo cambia.

No estás roto porque se sienta difícil comenzar.

Estás *en el umbral.*

Historia: El Flujo del Jardinero

Rosa había estado cocinando la cena para su familia cada noche durante veinte años. Lo que comenzó como un acto de necesidad se había convertido gradualmente en una tarea, una tarea más en su día ocupado, algo que superar eficientemente antes de pasar a la siguiente responsabilidad.

Pero la primavera pasada, algo cambió. Su hija le dio una pequeña jardinera elevada como regalo de cumpleaños. Al principio con renuencia, Rosa comenzó a plantar hierbas y algunas verduras. No tenía experiencia en jardinería y sentía la familiar resistencia a aprender algo nuevo, esa voz que decía que era demasiado complicado, demasiado que consumía tiempo, una distracción de sus responsabilidades "reales".

Aun así, comenzó. Pequeños pasos. Regar. Desyerbar. Observar.

Un miércoles ordinario por la noche, Rosa fue a recoger un poco de albahaca para la cena. Se arrodilló junto al jardín, y mientras alcanzaba las hojas fragantes, algo sucedió. Su atención se comprometió completamente con la tarea, el aroma de las hierbas, las sutiles variaciones en verde, la forma en que las plantas habían cambiado desde ayer. Se notó a sí misma desacelerando, completamente presente en este simple acto de cosecha.

La cocina de esa noche se transformó. Ya no apresurándose a terminar, se encontró absorta en el proceso, el chisporroteo del ajo en aceite, los colores cambiantes de las verduras, la coreografía de moverse entre la tabla de cortar y la estufa. El tiempo pareció expandirse. Sus sentidos se agudizaron.

"He cocinado miles de comidas", me dijo más tarde, "pero esa noche estuve realmente *presente* para ello. No estaba pensando en la reunión de mañana o la discusión de ayer. Solo estaba... cocinando".

Lo que Rosa experimentó no fue algún logro extraordinario. Fue flujo en medio de la vida ordinaria, ese estado de compromiso completo que puede suceder no solo en picos de montaña o escenarios de conciertos, sino en cocinas, jardines, espacios de trabajo y conversaciones.

Y como tantas experiencias de flujo, comenzó con fricción, la resistencia inicial a comenzar algo desconocido, la atracción hacia la distracción, el impulso sutil pero persistente hacia la eficiencia sobre la presencia.

"El jardín cambió la forma en que cocino", dijo Rosa. "No por los ingredientes frescos, aunque esos ayudan. Sino porque me enseñó cómo estar presente para el proceso. Y ahí es donde la alegría se ha estado escondiendo todo el tiempo".

El Cambio del Hacedor

Una amiga mía, esta ceramista llamada Cecilia, me dijo una vez que nunca sabe si un día será productivo hasta que sus manos están cubiertas de arcilla. "La resistencia nunca se va", dijo. "Pero he aprendido a comenzar de todos modos. La fricción se desvanece".

Cecilia ha estado haciendo cerámica por más de veinte años. Sus piezas están en galerías y colecciones privadas. Podrías esperar que a estas alturas, ella saludaría su trabajo con fácil confianza, deslizándose sin esfuerzo al flujo creativo.

Sin embargo, casi cada mañana, siente la vacilación. La duda. La atracción hacia actividades más fáciles. A veces se para en la puerta de su estudio durante minutos, renuente a comenzar.

Lo que es sorprendente no es el arte que hace, es su *relación* con el proceso creativo.

Ella no espera sentirse inspirada. Entra en la incomodidad. Toca la arcilla. Se mueve a través del umbral.

"Solía pensar que algo estaba mal conmigo", me dijo. "Todos estos años de práctica, y todavía enfrento resistencia. Pero entonces noté algo: la resistencia es solo el comienzo. No es toda la historia".

Lo que descubrió fue un patrón. La resistencia era consistente, sí. Pero también lo era lo que seguía cuando permanecía con ella.

"Hay este cambio que sucede. No puedo predecir exactamente cuándo, a veces veinte minutos después, a veces una hora. Pero casi sin falta, cruzo alguna línea invisible. De repente ya no estoy luchando. Solo estoy... ahí. Con la arcilla. En conversación con ella".

Este es el cambio del hacedor, la transición de la resistencia al flujo. No se trata de eliminar la fricción. Se trata de reconocerla como parte del viaje más que como un obstáculo a él.

La experiencia de Cecilia no es única. A través de dominios, los creadores describen patrones similares. El compositor que mira pentagramas en blanco antes de que llegue la melodía. El escritor que borra una docena de comienzos falsos antes de encontrar el hilo. El científico que trabaja a través de experimentos fallidos antes del avance.

En minutos, la resistencia se ablanda. Algo más profundo toma el control.

Eso es flujo.

No místico. No mágico. Pero *ganado* a través de la presencia.

Lo que estos hacedores entienden es que la resistencia no es una señal para detenerse. Es una puerta para atravesar. La sensación de "No quiero" o "No sé cómo" no es la verdad de nuestra capacidad, es solo el primer mensaje que el cerebro envía cuando se enfrenta a un desafío significativo.

Si escuchamos solo ese primer mensaje, nunca descubrimos lo que yace más allá. Si nos retiramos a la primera señal de fricción, nos perdemos el compromiso más profundo que espera al otro lado.

Esto no significa forzarnos brutalmente a través de la resistencia. Significa abordarla con curiosidad en lugar de juicio. Con paciencia en lugar de demanda. Con el entendimiento de que esto, también, es parte del proceso creativo.

"Algunos días son más difíciles que otros", admite Cecilia. "Algunos días el cambio toma más tiempo. Pero saber que es normal, eso ayuda. Saber que no estoy rota o perezosa o no creativa porque siento resistencia, eso es lo que me permite seguir presentándome".

Su sabiduría ofrece un poderoso replanteamiento para todos nosotros que creamos, en cualquier forma: Los obstáculos no están separados del camino. Son el camino.

La resistencia no es lo opuesto al flujo. A menudo es la *precondición*.

Fricción en Otras Formas

El flujo no es solo para artistas o atletas. Puede aparecer:

- En un equipo resolviendo un problema juntos.

- En un cirujano enfocado en medio de un procedimiento.
- En un niño construyendo una torre hasta que se mantiene en pie.
- En una conversación que va más allá de la charla trivial hacia una conexión genuina.
- En cocinar una comida con atención completa a la experiencia sensorial.
- En un paseo donde notas detalles que normalmente pasan desapercibidos.

En cualquier lugar donde hay compromiso completo, está el potencial para el flujo.

Y siempre, *siempre*, hay fricción primero.

Esta universalidad importa porque nos recuerda que el flujo no está reservado para talentos especiales o circunstancias extraordinarias. Es una capacidad humana natural, disponible a través de dominios y actividades.

Lo que desencadena el flujo no es la actividad específica, sino la calidad de compromiso que traemos a ella. La voluntad de encontrar resistencia, de permanecer presente, de rendirse al proceso.

Considera la enseñanza. En su mejor momento, enseñar puede ser una profunda experiencia de flujo. El maestro sintoniza con la sala, responde a lo que emerge, se ajusta en tiempo real. Se olvida de sí mismo al servicio del aprendizaje de los estudiantes.

Pero antes de ese flujo, está la fricción de la preparación, de anticipar desafíos, de manejar ansiedad sobre llegar a cada estudiante. Está la resistencia de comenzar la clase, de comprometerse con la incertidumbre.

La Fricción Que Alimenta el Flujo

Los maestros que encuentran más alegría en su trabajo no son aquellos que nunca sienten esta fricción. Son los que la reconocen como el umbral hacia un compromiso más profundo.

O piensa en la crianza. Los padres a menudo experimentan flujo en momentos de conexión profunda con sus hijos, jugando juntos, compartiendo descubrimientos, navegando desafíos como equipo.

Pero estos estados de flujo frecuentemente están precedidos por la fricción del agotamiento, de demandas competitivas, del esfuerzo requerido para estar completamente presente cuando sería más fácil desconectar.

Los padres que encuentran flujo no son aquellos que nunca sienten resistencia. Son los que gentilmente se mueven a través de ella, confiando en que la conexión espera al otro lado.

Incluso en el lugar de trabajo, a menudo visto como la antítesis del flujo, estas dinámicas aplican. Los trabajadores del conocimiento reportan flujo cuando abordan problemas complejos que estiran sus habilidades pero todavía se sienten solucionables. Los cirujanos experimentan flujo durante procedimientos desafiantes que demandan su enfoque completo.

Pero antes de estos estados, el cirujano siente el peso de la responsabilidad, la conciencia del riesgo. El trabajador del conocimiento enfrenta el documento en blanco, la intimidante complejidad del problema.

La clave es reconocer cuándo la resistencia significa *no ahora...* y cuándo significa *inclínate*.

A veces la resistencia realmente es una señal para pausar, descansar, recalibrar. No toda fricción lleva al flujo. Pero a menudo, la fricción que sentimos, la vacilación, la duda, el impulso de distraernos, es precisamente el umbral que necesitamos cruzar.

A medida que desarrollamos una relación más matizada con la fricción, nos volvemos mejores en distinguir entre estas señales. Aprendemos a reconocer la calidad particular de resistencia que precede al flujo, la resistencia que no está diciendo "detente", sino más bien "presta atención, algo importante está sucediendo aquí".

Desarrollamos lo que los practicantes de Zen podrían llamar una "mente de principiante" hacia la resistencia, abordándola con curiosidad en lugar de suposición, con paciencia en lugar de demanda.

La inquietud no es lo opuesto al flujo. A menudo es la precondición.

La fricción que parece bloquear nuestro camino a menudo marca la entrada a la experiencia que buscamos.

Prácticas para Entrar en Flujo

No podemos forzar el flujo. Pero podemos *preparar el escenario*.

El flujo emerge de una relación particular entre desafío y habilidad, entre estructura y rendición, entre intención y atención. Si bien no podemos ordenarle que aparezca, podemos crear condiciones que hacen más probable que nos visite.

Aquí hay algunas invitaciones para experimentar:

Estrecha el enfoque. El flujo prospera en límites claros. Cuando la atención está difusa a través de muchos objetivos, carece de la concentración necesaria para el flujo. Antes de comenzar una sesión creativa, clarifica en qué te estás enfocando. Cierra pestañas innecesarias. Pon tu teléfono en otra habitación. Crea un contenedor para tu atención.

Como observó William James, el padre de la psicología americana: "La facultad de traer voluntariamente de vuelta una atención errante, una y otra vez, es la raíz misma del juicio, el carácter y la voluntad...

Una educación que mejorara esta facultad sería la educación por excelencia".

Esta facultad, la capacidad de dirigir y mantener la atención, es precisamente lo que crea las condiciones para el flujo.

Honra el umbral. Espera resistencia. En lugar de sorprenderte cuando aparece, reconócela como parte natural del proceso. Dite a ti mismo: "Ah, aquí está el umbral. Conozco este lugar". Este reconocimiento transforma cómo te relacionas con la fricción creativa.

El novelista Haruki Murakami describió así su enfoque: "Las cualidades más importantes para un novelista son probablemente la persistencia y la resistencia. Me levanto a las 4 a.m. y trabajo durante cinco o seis horas. Por la tarde corro 10 kilómetros o nado 1,500 metros, luego leo un poco y escucho música. Me acuesto a las 9 p.m. Sigo esta rutina todos los días."

Fíjate que Murakami no espera a que llegue la inspiración. Él se presenta con constancia, honra el proceso y atraviesa el umbral día tras día.

Crea un ritual. Los rituales sirven como puentes entre la conciencia ordinaria y los estados de flujo. Señalan a la mente y al cuerpo que estamos entrando en un modo diferente de compromiso. Tu ritual podría ser tan simple como tres respiraciones profundas, o tan elaborado como una secuencia específica de preparaciones.

La clave es la consistencia, hacer lo mismo cada vez que te preparas para crear. Con el tiempo, el ritual mismo se convierte en un desencadenante para el estado mental que buscas.

Maya Angelou tenía un ritual específico para su escritura: alquilaba una habitación de hotel, llegaba a las 6:30 a.m., y escribía hasta las 2 p.m. Solo mantenía un diccionario, una Biblia y una botella de jerez en la habitación. Esta estructura creaba las condiciones para que su creatividad fluyera.

Quédate el tiempo suficiente. El flujo creativo a menudo no comienza hasta después del primer intento fallido. Después de la duda, la vacilación, los pensamientos críticos. Si abandonas al primer signo de turbulencia, nunca llegarás a aguas más tranquilas.

Dáte un tiempo mínimo. Veinte minutos. Treinta. Una hora. No con la exigencia de que el flujo aparezca en ese lapso, sino con el compromiso de estar presente en el proceso, sin importar lo que surja.

Como aconseja la coreógrafa Twyla Tharp: "El ritual consiste en establecer el momento, y luego presentarse, sin excusas. Si quieres tener flujo creativo en tu vida, tienes que comprometerte con una práctica."

Suelta el resultado. El flujo prospera cuando estamos *dentro de la experiencia*, no cuando nos observamos desde fuera. La paradoja del flujo es que llega más fácilmente cuando estamos enfocados en el proceso más que en el producto, en la experiencia más que en la evaluación.

Esto no significa abandonar estándares u objetivos. Significa sostenerlos ligeramente, dejándoles guiar en lugar de gobernar el proceso creativo.

El músico de jazz Miles Davis capturó esto perfectamente: "No temas a los errores. No existen". Esta postura, enfocada pero no rígida, intencional pero no controladora, crea las condiciones perfectas para el flujo.

Piensa en estas prácticas como encender un fuego. No controlas la llama, pero puedes reunir la leña y encender el fósforo.

La Alegría en la Fricción

Aquí está el verdadero secreto:

La alegría no está solo *en* fluir.

También está en el *retorno a ella*.

Cada vez que entras en flujo, recuerdas algo sobre ti mismo.

Que eres capaz de prestar toda tu atención.

Que estás hecho para un enfoque profundo.

Que eres más que tu distracción, más que tu duda.

Este recuerdo es en sí mismo una profunda alegría. Es un regreso a casa a un estado del ser que se siente fundamentalmente correcto, en el que no estás ni a la deriva ni forzando, sino que estás involucrado en una corriente natural de creatividad.

El investigador de flujo Steven Kotler lo expresa de esta manera: "El flujo es el código fuente de la motivación intrínseca". Cuando experimentamos flujo, no necesitamos recompensas externas para seguir adelante. La actividad se convierte en su propia recompensa. Lo hacemos por el puro placer de hacerlo.

Esta motivación intrínseca crea una espiral ascendente. Buscamos el flujo porque nos hace sentir bien, lo que nos lleva a realizar actividades que generen más flujo, que fortalezcan nuestra capacidad de atención, que hagan que el flujo sea más accesible, etc.

Pero aquí está el matiz que a menudo se pasa por alto: la alegría no está solo en el estado de flujo en sí. Está en todo el ciclo, incluida la fricción que lo precede y la integración que lo sigue.

La fricción nos despierta. Nos pide que elijamos: ¿Me desconectaré o me encontraré con este momento? ¿Me retiraré a la comodidad, o daré un paso hacia la vida?

Cuando elegimos el compromiso, cuando nos acercamos a la fricción en lugar de alejarnos de ella, experimentamos un tipo particular de alegría. No el placer fácil de la comodidad, sino la satisfacción más profunda de vivir al límite. De estar plenamente en conversación con la vida en lugar de limitarse a observarla.

Esta es la alegría en la fricción. La alegría de elegir la presencia sobre el escape, el compromiso sobre el entumecimiento. La alegría de honrar la chispa creativa lo suficiente como para permanecer en el proceso, incluso cuando es incómodo.

La fricción es un regalo.

Nos despierta antes de que caigamos en el trance de la comodidad.

Nos recuerda que la alegría está esperando, no en la comodidad, sino en el compromiso.

Y a medida que desarrollamos esta relación con la fricción, a medida que aprendemos a verla no como un obstáculo sino como un umbral, sucede algo extraordinario. Nos volvemos más dispuestos a adentrarnos en la incertidumbre, a asumir riesgos creativos, a comprometernos con los límites de nuestra capacidad.

Desarrollamos lo que los psicólogos llaman "tolerancia al desafío": la capacidad de mantenerse firme frente a las dificultades en lugar de retirarse de ellas. Esta capacidad sirve no solo a nuestras búsquedas creativas, sino a toda nuestra vida. Nos ayuda a navegar por el cambio, a enfrentar verdades difíciles y a comprometernos con los complejos desafíos de nuestro mundo.

La capacidad de encontrar alegría en la fricción, de ver la incomodidad como una puerta en lugar de un muro, esta es quizás la habilidad creativa más valiosa que podemos cultivar. Es lo que nos permite seguir apareciendo, seguir creando, seguir creciendo en un mundo que constantemente presenta nuevos desafíos.

El estado de flujo en sí mismo puede ser temporal, pero ¿la capacidad de moverse a través de la fricción hacia el flujo? Esa es una práctica de toda la vida. Y es una práctica que transforma no solo lo que creamos, sino en lo que nos convertimos en el proceso.

El flujo nos enseña a comprometernos plenamente. Pero incluso en ese compromiso, el ego a menudo persiste, preguntándose: ¿Cómo será recibido esto? ¿Qué saldrá de ello? A continuación, exploraremos lo que sucede cuando creamos no para el reconocimiento, sino para el placer del acto en sí.

La alegría está en el llegar a ser. La fricción es la invitación. El flujo es el recordatorio de lo que es posible.

Y juntos, forman el ritmo de una vida creativa.

La Alegría de la Inquietud

CAPÍTULO 4

Crear Sin Aferrarse

La Ofrenda
Hazlo,
no para recibir elogios,
sino para derramarte.
No para conservarlo,
sino para ofrecerlo.
Una hoja en el río.
Una chispa en la oscuridad.

Vivimos en un mundo que recompensa el producto terminado.

Likes, compartidos, métricas y hitos. Validación externa envuelta en aplausos digitales.

Pero el acto creativo, el verdadero, no se trata de eso.

Se trata de compromiso. Presencia. La alegría silenciosa de dar forma a lo que se agita dentro de ti.

Y cuando nos aferramos a los resultados, cuando creamos solo para ser vistos o celebrados, perdemos la esencia misma de lo que estamos tratando de crear.

El Arte de Soltar

Crear sin aferrarse no es renunciar a la ambición o a la calidad, es liberar la *necesidad* de control sobre lo que sucede después de que se termina la creación.

Es una paradoja profundamente humana:

- Nos *importa* profundamente lo que creamos.
- Pero encontramos *libertad* cuando nos desapegamos de cómo es recibido.

Esta paradoja desafía nuestra comprensión convencional de la creatividad. Se nos enseña que preocuparnos por los resultados motiva la excelencia. Que el apego a los resultados impulsa la mejora. Que la preocupación por la recepción afina nuestro trabajo.

Y hay algo de verdad en esto. Importar puede, de hecho, alimentar el compromiso. Pero cuando el importar se endurece en aferrarse, en una necesidad desesperada de resultados específicos, algo esencial se pierde. El trabajo se vuelve rígido. Temeroso. Calculado en lugar de auténtico.

Considera la diferencia entre estos dos creadores:

El primero trabaja sobre cada detalle, imaginando constantemente cómo la audiencia lo recibirá. Cada elección se filtra a través de la reacción anticipada. "¿Les gustará esto? ¿Esto impresionará? ¿Esto se volverá viral?" El trabajo se convierte en un vehículo para la validación, un medio para un fin más allá de sí mismo.

El segundo se preocupa igual de profundamente por la calidad, la precisión, la integridad de lo que están creando. Pero sostienen su trabajo de manera diferente. No preguntan "¿Cómo será recibido esto?" sino "¿Es esto verdadero? ¿Esto sirve a lo que quiere emerger?

¿Está alineado con lo que me importa?" El trabajo se convierte en una ofrenda más que en una transacción.

Ambos pueden producir resultados impresionantes. Pero la experiencia de crear es vastamente diferente. Y a menudo, paradójicamente, el trabajo del segundo creador resuena más profundamente con otros precisamente porque no fue moldeado principalmente para su aprobación.

Este es el artista que escribe una novela que nadie puede leer, pero lo hace de todos modos.

El fundador que comienza algo desde el amor, no solo para escalar.

El maestro que se vuelca en un estudiante, sabiendo que puede que nunca vea el resultado.

Estos actos son ofrendas, no transacciones.

Pero, ¿cómo practicamos esto realmente? ¿Cómo nos preocupamos profundamente por nuestro trabajo sin aferrarnos a cómo es recibido?

Comienza con la intención. Antes de iniciar un proyecto creativo, podemos preguntarnos: "¿Por qué estoy haciendo esto realmente? ¿A qué estoy sirviendo más allá de mi propia necesidad de validación?" Esto no significa negar que queremos reconocimiento, eso es natural. Significa volverse claro sobre el propósito más profundo que puede sostenernos cuando el reconocimiento no llega.

Continúa con la atención. A medida que creamos, podemos notar cuando nuestro enfoque cambia del trabajo mismo a los resultados imaginados. Cuando nos encontramos moldeando el trabajo para la aprobación en lugar de la autenticidad, podemos suavemente traer nuestra atención de vuelta a la conversación creativa inmediata, a lo que el trabajo mismo está pidiendo.

Y culmina en la liberación. Cuando el trabajo está terminado, lo dejamos ir. No descuidadamente, sino con el entendimiento de que su viaje ya no es nuestro para controlar. Tocará a quien toque. Significará lo que signifique para aquellos que lo encuentren. Nuestro trabajo es crear con integridad y luego abrir nuestras manos.

En 2005, Hayao Miyazaki ofreció una simple verdad: "No hago películas con una audiencia en mente... Las hago para mí mismo, y si a los niños les gustan, está bien". Es una rebelión silenciosa contra el aferrarse, un recordatorio de que la alegría no está en quién recibe nuestro trabajo, sino en el acto honesto de crearlo.

Nota la sutileza aquí. Le importa profundamente su arte, lo suficiente como para volcar su vida en él. Pero no se aferra a cómo es recibido. Crea auténticamente y luego deja ir.

Este enfoque de la creatividad no es solo más gozoso. A menudo es más efectivo. Cuando liberamos la necesidad de resultados específicos, nos volvemos más receptivos a lo que realmente quiere emerger en el trabajo. Nos volvemos más dispuestos a tomar riesgos creativos, a seguir hilos intuitivos, a permitirnos ser sorprendidos por el proceso.

Paradójicamente, al aflojar nuestro agarre sobre el resultado, a menudo creamos trabajo que tiene más probabilidades de lograr el mismo reconocimiento que ya no estamos desesperados por recibir.

La Sabiduría Oriental Se Encuentra con la Práctica Cotidiana

Esta mentalidad no es nueva, hace eco de la sabiduría de innumerables tradiciones espirituales. En el *Bhagavad Gita*, hay una poderosa enseñanza:

"Tienes derecho a tu trabajo, pero no a los frutos de tu trabajo."

Esta idea, crear sin apego a los resultados, no se trata de apatía. Se trata de liberación. Nos libera del ego, del miedo, de la tiranía de la expectativa.

Nos invita a presentarnos, dar lo mejor, y dejar ir.

Durante siglos, tradiciones orientales como el Budismo y el Taoísmo han visto la chispa creativa en el desapego. El concepto Zen de 'mushin' (無心) o 'no-mente' ofrece una presencia tan pura que el yo se disuelve, dejando que la acción fluya como la respiración, sin fijación, sin forzar. Esto no es indiferencia; es una inmersión profunda en el momento, libre del inquieto parloteo del ego. El principio taoísta de 'wu wei' (無為) o 'no-hacer' se mueve con la veta de las cosas, elevándose suavemente para encontrarse con lo que llama, sin esfuerzo ni agarre. Esto no es pasividad; es una acción más silenciosa, viva en el ahora, liberada del tirón de lo que sigue.

Estas antiguas percepciones encuentran sorprendente resonancia en la investigación moderna sobre creatividad. Estudios en cognición creativa revelan que nuestras ideas más innovadoras a menudo emergen cuando estamos menos fijados en los resultados y más abiertos a conexiones inesperadas. El estado psicológico llamado "flexibilidad cognitiva", nuestra capacidad para adaptar el pensamiento y considerar diversas perspectivas, aumenta cuando no somos rígidos sobre los resultados.

Pero, ¿cómo traducimos estos conceptos orientales a la práctica creativa cotidiana en nuestro contexto occidental orientado al logro?

La clave es reconocer que el desapego no significa no importar. Significa importar de una manera que no constriñe. Significa volcarte completamente en el acto creativo mientras liberas la necesidad de controlar lo que sucede después.

Considera la práctica de la música improvisada. Los músicos de jazz se entrenan rigurosamente en técnica, en teoría, en las tradiciones de su forma de arte. Les importa profundamente su oficio. Pero cuando suben al escenario para improvisar, deben simultáneamente dejar ir. No pueden aferrarse a frases pre-planeadas o resultados. Deben ser receptivos al momento, a lo que emerge en la interacción con otros músicos.

Este equilibrio, entre preparación profunda y receptividad abierta, entre importar y liberar, está en el corazón de crear sin aferrarse.

O piensa en la investigación científica. Los descubrimientos más revolucionarios a menudo vienen cuando los científicos mantienen rigor metódico mientras permanecen abiertos a hallazgos inesperados. Si se aferran demasiado firmemente a sus hipótesis iniciales o resultados deseados, podrían perder la anomalía que conduce al avance.

Como Louis Pasteur observó famosamente, "La suerte favorece a la mente preparada". La mente preparada se preocupa lo suficiente para hacer el trabajo, desarrollar las habilidades, presentarse consistentemente. Pero no se aferra tan fuertemente a los resultados esperados que pierde lo que realmente emerge.

Este enfoque puede transformar no solo la creación artística o el descubrimiento científico, sino actos creativos cotidianos, desde cocinar una comida hasta facilitar una reunión, desde escribir un correo electrónico hasta diseñar un jardín.

En cada caso, traemos nuestro cuidado y atención completos al proceso. Nos preparamos. Nos presentamos. Nos comprometemos completamente. Y luego dejamos ir el control sobre exactamente cómo se desarrolla o cómo es recibido.

Eso no significa que no nos importe lo que importa.

Significa que nos importa lo suficiente como para *no necesitar control.*

La Rendición de la Coreógrafa

Lena estaba acostumbrada al aplauso.

Como coreógrafa de una compañía de danza regional, había construido su carrera en la precisión, cada movimiento ensayado, cada ritmo contado. Los críticos elogiaban su estilo exacto, y el público sabía qué esperar: belleza ajustada, deslumbrante, controlada.

Pero esta pieza era diferente.

Comenzó como un tributo a su difunta hermana, que había vivido con esquizofrenia. Lena quería capturar la imprevisibilidad, el ritmo roto, la claridad fugaz. Pero sin importar cuántos borradores esbozaba, algo se sentía falso, demasiado pulido. Demasiado seguro.

Una noche de ensayo, una joven bailarina improvisó una serie de movimientos erráticos, angulares durante una pausa. No estaba en la coreografía, pero golpeó a Lena como un rayo.

Era crudo. Incómodo. Vivo.

Se detuvo. Luego hizo algo que nunca había hecho antes: descartó su coreografía planeada y pidió a los bailarines que la ayudaran a construir una pieza desde la improvisación. "Comiencen con cómo sienten que cambia el ritmo", les dijo. "Lo daremos forma juntos".

El estreno fue polarizante. Algunos críticos lo llamaron su trabajo más caótico. Otros, su más humano.

"No sabía en qué se convertiría", dijo Lena. "Y nunca me he sentido más honesta como artista".

Había creado algo desde un cuidado profundo. Y luego lo había dejado ir.

La historia de Lena ilustra un profundo cambio creativo, del control de los resultados a la rendición al proceso. Sus obras anteriores, aunque técnicamente impresionantes, estaban limitadas por su necesidad de recepción predecible. Pero cuando se enfrentó a expresar algo que realmente le importaba, la experiencia de su hermana, descubrió que el control era inadecuado para la tarea.

El avance vino no de un mayor control sino de su liberación. Al invitar la improvisación, al permitir que los bailarines co-crearan, al abrirse a la incertidumbre, accedió a una autenticidad más profunda. El trabajo se convirtió no en una exhibición de su maestría técnica sino en una expresión genuina de algo verdadero.

Y aunque la recepción fue mixta, la satisfacción fue completa. No porque todos aplaudieran, sino porque había creado desde la integridad en lugar del cálculo. Había ofrecido algo honesto en lugar de fabricar algo seguro.

Esta es la esencia de crear sin aferrarse: no abandonar el cuidado o el oficio, sino liberar el agarre del ego y la expectativa. No bajar los estándares, sino cambiar la relación con el proceso creativo mismo, de dominación a colaboración, de certeza a descubrimiento.

Los momentos creativos más poderosos a menudo vienen no cuando afirmamos mayor control, sino cuando encontramos el coraje para dejar ir.

El Camino del Carpintero

Marcos ha estado haciendo muebles durante cuarenta años. Su taller huele a aserrín y aceite de linaza, con virutas rizándose en el suelo bajo sus pies. Sus manos llevan las marcas de una relación de toda la vida con la madera, callosas, firmes, arrugadas con la veta del tiempo.

Cuando le pregunté sobre su enfoque para crear, no habló de técnicas o diseños. Sacó una pequeña caja de madera de un estante y la colocó en mis manos.

"Siente eso", dijo.

La caja era simple, arce con incrustaciones de nogal. Pero mientras la sostenía, noté cómo encajaba perfectamente en la palma, cómo la tapa se abría con una resistencia suave que se sentía deliberada, cómo la veta se alineaba precisamente en cada esquina.

"Esta nunca se vendió", explicó Marcos. "No era lo suficientemente elegante para las galerías. Pero es una de mis piezas favoritas".

Le pregunté por qué.

"Porque es honesta", dijo. "Cuando la hice, no estaba pensando en quién la compraría o cuánto podría cobrar. Solo estaba escuchando lo que la madera quería ser. ¿Ves este patrón de la veta? Eso me dijo dónde cortar. ¿Sientes cómo los bordes están ligeramente redondeados? Eso surgió de notar cómo mi propia mano quería sostenerla".

Marcos describió un proceso creativo guiado no por tendencias del mercado o recepción anticipada, sino por una conversación con el material mismo. Sus dedos recorrieron la superficie lisa mientras hablaba, tocando la madera como quien podría tocar a un viejo amigo.

"No puedes forzar a la madera a ser algo que no está destinada a ser. Solo puedes revelar lo que ya está ahí, esperando".

Para Marcos, la alegría viene no del elogio o las ventas (aunque aprecia ambos), sino de la creación misma, de la comunión táctil entre mano, herramienta y material. De los momentos silenciosos cuando su respiración se sincroniza con el ritmo del cepillo contra la veta. De la sorpresa de descubrir un patrón escondido dentro de la madera que nadie, ni siquiera él, podría haber predicho.

"Una vez que sale de mi taller, la pieza tiene su propia vida", dijo. "La gente verá lo que vea en ella. La usará, la ignorará, la atesorará, la descartará. Eso no depende de mí. Mi trabajo es solo hacerla tan verdadera como pueda".

El enfoque de Marcos encarna el crear sin aferrarse, un profundo cuidado por el trabajo mismo combinado con una suave liberación de su recepción. Y lo que emerge de esta forma de trabajar no son solo muebles hermosos, sino una vida de alegría creativa sostenida.

Por Qué la Obsesión con los Resultados Mata la Alegría

Hay un cambio sigiloso que ocurre cuando comenzamos a preguntar, "¿Tendrá esto éxito?" antes incluso de comenzar.

El yo creativo se retrae.

La alegría se convierte en presión.

El flujo se convierte en actuación.

Y cuando creamos desde la actuación, ya no estamos *en* el acto. Estamos observándonos desde fuera. Nos convertimos en espectadores de nuestro propio devenir.

Esta autoconciencia es el enemigo de la alegría creativa. Divide nuestra atención entre el trabajo mismo y cómo el trabajo podría ser percibido. Introduce un crítico interno que evalúa cada movimiento antes de que esté completo. Transforma el juego en producción.

La investigación en psicología revela que este cambio de motivación intrínseca (crear por la alegría de crear) a motivación extrínseca (crear por recompensa externa o aprobación) cambia fundamentalmente la experiencia creativa, y a menudo la calidad de lo que se crea.

En un estudio clásico, las investigadoras Teresa Amabile y Beth Hennessey encontraron que cuando a los niños se les decía que serían recompensados por dibujar, la calidad de su arte disminuía en comparación con los niños que dibujaban puramente por disfrute. La introducción de incentivos externos realmente perjudicaba la creatividad.

Patrones similares aparecen en adultos. Cuando creamos principalmente para validación externa, para elogio, estatus o recompensa material, tendemos a tomar menos riesgos creativos. Nos volvemos más convencionales, menos innovadores, menos distintivos en nuestro enfoque. Nos adherimos a lo que pensamos que funcionará en lugar de explorar lo que genuinamente nos interesa.

Aún más significativamente, esta obsesión con los resultados nos roba la alegría intrínseca de la creación. En lugar de estar presentes para el proceso, para los problemas fascinantes, los descubrimientos inesperados, los momentos de flujo, estamos constantemente midiendo, evaluando, proyectando hacia un futuro imaginado donde el trabajo está siendo juzgado.

Una vez trabajé con una novelista que había tenido éxito temprano con su primer libro. Su segundo libro se convirtió en un proceso torturante, no porque careciera de ideas o habilidad, sino porque no podía dejar de imaginar cómo los críticos recibirían cada oración, cómo los lectores la compararían con su debut, cómo su editorial evaluaría su potencial comercial.

"Solía perderme en la escritura", me dijo. "Ahora no puedo dejar de observarme escribir".

Su alegría creativa había sido secuestrada por la obsesión con los resultados.

Trabajamos juntos para volver a centrar su enfoque en la historia misma, en los personajes que le importaban, las preguntas que le intrigaban, los desafíos de oficio que la comprometían. Gradualmente, redescubrió la alegría inmersiva que la había atraído a la escritura en primer lugar.

Y paradójicamente, cuando liberó su agarre sobre el resultado, su escritura se volvió más auténtica, más distintiva, más viva.

Este patrón se repite a través de dominios creativos. El músico que se vuelve más preocupado con los números de streaming que con la música misma. El emprendedor que se enfoca más en la estrategia de salida que en crear valor genuino. El orador que se preocupa más por el aplauso que por decir algo verdadero.

En cada caso, la obsesión con los resultados no solo disminuye la alegría, a menudo socava los mismos resultados que se persiguen.

El trabajo creativo más resonante típicamente viene de un compromiso profundo con el proceso mismo, no de calcular qué tendrá éxito. Los negocios más innovadores emergen de la pasión genuina por resolver un problema, no solo de perseguir la cuota de mercado. Los discursos más conmovedores surgen de la convicción auténtica, no de técnicas diseñadas para manipular la respuesta de la audiencia.

Dejar ir la obsesión con los resultados nos devuelve al interior del momento. De vuelta a *crear*.

Esto no significa que nunca pensemos en cómo será recibido nuestro trabajo. No significa que ignoremos las realidades prácticas de audiencia, mercado o contexto. Significa que mantenemos estas consideraciones en su lugar apropiado, como factores a tener en cuenta, pero no como la fuerza impulsora principal de nuestro proceso creativo.

La fuerza impulsora principal sigue siendo nuestro propio compromiso auténtico con el trabajo mismo, nuestra curiosidad, nuestro cuidado, nuestro deseo de traer algo significativo a la existencia.

Cuando creamos desde ese lugar, la alegría regresa. No porque tengamos garantizado el éxito, sino porque estamos completamente presentes para el acto creativo mismo. Estamos en él, no solo observándolo o gestionándolo.

Y esa presencia es en sí misma una forma de alegría, una que está disponible independientemente de cómo sea recibido el trabajo finalmente.

Una Práctica: El Proyecto Privado

Prueba esto:

Comienza un pequeño proyecto creativo sin plan de compartirlo.

- Un poema que escribes solo para ti.
- Una canción que nadie escuchará.
- Una serie de fotos que nunca saldrá de tu teléfono.
- Una comida que preparas solo por la alegría de alimentar a alguien que amas.

Nota qué cambia.

Nota cómo la presión se levanta, y la presencia toma su lugar.

La Alegría de la Inquietud

Esta es la esencia de crear sin aferrarse.

Cuando eliminamos la posibilidad de validación externa, quedamos con la relación pura entre nosotros y el acto creativo. Descubrimos para qué lo estamos haciendo realmente. Aprendemos si el proceso mismo, independientemente del resultado o la audiencia, tiene valor inherente y alegría para nosotros.

A veces este experimento revela percepciones sorprendentes. Podríamos descubrir que somos más dependientes de la validación externa de lo que nos dimos cuenta. Podríamos notar cómo el hábito o la expectativa, en lugar del interés genuino, ha estado impulsando ciertas elecciones creativas.

Pero también podríamos redescubrir una forma más pura de alegría creativa, el simple placer de hacer algo, de verlo tomar forma bajo nuestras manos, de estar en conversación con materiales o ideas o posibilidades.

Esta creación privada se convierte en un refugio, un espacio donde podemos experimentar sin riesgo, jugar sin presión, explorar sin agenda. Es un laboratorio para el impulso creativo auténtico.

Y las percepciones de este espacio privado a menudo se transfieren a nuestro trabajo creativo público. Traemos de vuelta un recuerdo de cómo se siente crear desde la motivación intrínseca en lugar de la presión externa. Recuperamos una relación más fundamentada con nuestro proceso creativo.

Para algunos, esta creación privada se convierte en una práctica continua, un recordatorio regular de por qué creamos en primer lugar. Para otros, sirve como reinicio cuando la obsesión con los resultados ha tomado el control. De cualquier manera, ofrece una experiencia directa de crear sin aferrarse.

El ceramista Paulus Berensohn capturó esto bellamente cuando dijo, "Cuando haces cosas estás creando significado, y cuando creamos significado, hacemos alma".

La creación de significado, la creación de alma, estos suceden en el proceso mismo. No dependen de cómo se reciba el producto terminado. Emergen de nuestra disposición a comprometernos plenamente en el acto creativo, ya sea que alguien vea los resultados o no.

Esto no significa que toda la creatividad debería permanecer privada. Significa que nos beneficiamos de tener al menos algún espacio creativo que esté protegido de la presión de la recepción pública, algún ámbito donde creamos puramente por el bien de crear.

Desde esa base, entonces podemos traer trabajo al mundo no porque necesitemos su validación, sino porque creemos que el trabajo mismo tiene algo que ofrecer. Podemos crear públicamente sin aferrarnos porque hemos recordado el valor intrínseco del acto creativo.

La Ofrenda de la Maestra

Ana ha enseñado inglés en secundaria durante treinta y dos años en una tranquila ciudad del Medio Oeste. En su salón de clases, los pupitres están dispuestos en círculo en lugar de filas. La luz del sol se filtra a través de plantas en el alféizar. Libros alinean las paredes, no solo requisitos del currículo, sino colecciones de poesía, novelas gráficas, memorias de voces diversas.

"Solía medir mi éxito por los resultados de los exámenes y las aceptaciones universitarias", me dijo. "Me sentía destrozada cuando los estudiantes no rendían bien o cuando no parecían apreciar lo que yo pensaba que era valioso".

Pero algo cambió veinte años después de su carrera docente. Un antiguo estudiante, Santiago, regresó de visita. Había estado en su clase una década antes, un chico callado que rara vez participaba, cuyos ensayos no eran notables. Ana siempre lo había considerado uno de sus "fallos", un estudiante al que no había logrado llegar.

Santiago le entregó una copia gastada de una novela que habían leído en clase. "Esto lo cambió todo para mí", dijo. "No de inmediato. Tomó años. Pero algo que dijiste sobre este personaje se quedó conmigo. Dijiste que era lo suficientemente valiente para cuestionar sus propias suposiciones, y que eso es lo que parece el verdadero coraje".

Ana ni siquiera recordaba la discusión. Había sido un momento fugaz en una clase entre miles. Pero para Santiago, había sido transformador, una semilla plantada que eventualmente creció en una forma de abordar su vida, su trabajo, sus relaciones.

"Fue entonces cuando me di cuenta de que no tenía idea de qué momentos importaban", dijo Ana. "¿La lección cuidadosamente diseñada que pensé que cambiaría vidas? Tal vez no hizo nada. ¿El comentario casual que apenas consideré? Tal vez plantó un bosque".

Esta realización transformó su relación con la enseñanza. Todavía se prepara meticulosamente, todavía le importa profundamente lo que sucede en su salón. Pero ha liberado su agarre sobre resultados específicos, sobre saber exactamente qué impacto está teniendo o cuándo podría desarrollarse.

"Ahora pienso en la enseñanza como plantar un jardín donde no llegas a ver lo que crece", sonrió. "Nunca sabré qué semillas echan raíces, qué ideas florecen años después en conversaciones que nunca escucharé. Y eso está bien. Mi trabajo es solo plantar con cuidado".

El enfoque de Ana no la hace menos comprometida, la hace más presente. Libre de la constante evaluación de resultados inmediatos, puede enfocarse enteramente en la calidad de lo que está ofreciendo en cada momento. Su creatividad en el salón ha florecido precisamente porque ha dejado de medir su impacto.

"Algunos de mis colegas se queman porque necesitan prueba constante de que lo que están haciendo importa", reflexionó Ana. "Pero ¿y si las cosas más importantes que hacemos son aquellas cuyos efectos nunca vemos? ¿Y si nuestras mayores contribuciones son invisibles para nosotros?"

La enseñanza de Ana revela otra dimensión de crear sin aferrarse, la disposición a ofrecer sin presenciar el resultado. Su salón de clases es un ejercicio diario en elaborar experiencias significativas y luego liberarlas completamente.

Esto no es indiferencia. Es una forma profunda de cuidado que trasciende la necesidad de confirmación. Es el acto de crear y ofrecer desde un lugar de abundancia más que de necesidad, de dar sin exigir ver el retorno.

Y en esa liberación, ha encontrado una alegría sostenible que la ha llevado a través de décadas de enseñanza, manteniéndola tan apasionada y comprometida en sus últimos años de enseñanza como lo estaba en sus primeros.

Cuando Dejamos Ir, Hacemos Espacio

Aferrarse a los resultados aprieta el agarre. Estrecha el campo.

Pero dejar ir, ¿eso nos abre.

Hace espacio para:
- La sorpresa.
- El juego.
- La imperfección.

- El descubrimiento.

Y sobre todo, hace espacio para la *alegría*.

No la alegría del aplauso, sino la alegría de la conexión, contigo mismo, con el momento, con el misterio de la chispa creativa. Cuando creamos sin aferrarnos, nos abrimos a lo que quiere emerger en lugar de forzar lo que pensamos que debería suceder. Nos convertimos en socios en el proceso creativo en lugar de controladores de él. Hacemos espacio para lo inesperado, para las percepciones, direcciones y posibilidades que no podríamos haber planeado de antemano.

Piénsalo como una conversación en lugar de un monólogo. Cuando realmente escuchamos, a los materiales, al proceso, al trabajo mismo, descubrimos cosas que no podríamos haber sabido al principio. Como escribió Henry Miller: "El momento en que uno presta atención cercana a cualquier cosa, incluso una brizna de hierba, se convierte en un mundo misterioso, asombroso, indescriptiblemente magnífico en sí mismo".

En esta escucha, encontramos trabajo creativo más interesante, más auténtico, más vivo que cualquier cosa que podríamos haber predeterminado. Permite que el trabajo se convierta en lo que necesita convertirse, no solo en lo que inicialmente imaginamos. Martin Scorsese hace eco de esto en el cine: "Hay momentos en que una escena que pensabas era absolutamente necesaria resulta no serlo. Pero lo que sucede en el rodaje de la película es más importante que lo que se concibió al principio".

Incluso en campos creativos altamente estructurados, este dejar ir crea espacio para el descubrimiento. Los arquitectos diseñan planos con medidas precisas, pero los mejores entienden que el proceso de construcción mismo revelará necesidades y oportunidades que no podrían haber anticipado. Sostienen el plan con firmeza suficiente para guiar la construcción pero con soltura suficiente para responder a lo que emerge.

Este equilibrio, entre intención y apertura, entre dirección y receptividad, caracteriza todo crear sin aferrarse. Tenemos propósito, visión, habilidad. Pero también tenemos disposición para ser sorprendidos, para seguir hilos inesperados, para dejar que el trabajo nos enseñe lo que quiere ser.

Y paradójicamente, esta apertura a menudo conduce a una conexión más significativa con otros. Cuando creamos auténticamente, siguiendo la lógica interna del trabajo en lugar de calcular la reacción de la audiencia, a menudo producimos algo con una vitalidad única, algo que se destaca precisamente porque no fue diseñado principalmente para la aprobación.

Como señala la escritora Elizabeth Gilbert, "El trabajo quiere ser hecho, y quiere ser hecho a través de ti". Cuando sacamos a nuestro ego y nuestra obsesión con los resultados del camino, hacemos espacio para que algo más allá de nosotros fluya a través del proceso creativo.

Esto no significa ignorar el oficio o abandonar los estándares. Significa traer nuestra más alta habilidad al servicio del trabajo mismo, en lugar de usar la habilidad meramente para lograr resultados predeterminados o validación externa.

Crear sin aferrarse es, en última instancia, sobre confianza, confianza en el proceso, confianza en lo que emerge, confianza en que algo valioso puede venir a través de nosotros cuando sacamos a nuestro ego controlador del camino.

También se trata de presencia. Cuando no estamos fijados en los resultados, podemos estar completamente aquí, comprometidos con el momento creativo en toda su riqueza, desafío y posibilidad.

Y esa presencia misma es alegría, una alegría no contingente en reconocimiento o recompensa futura, sino disponible ahora mismo, en el acto de creación mismo.

El Mundo No Necesita Perfecto. Necesita Real.

Tantos creadores se estancan porque están tratando de hacerlo bien.

Pero el mundo no está esperando lo perfecto.

Está esperando lo *real*. Lo crudo. Lo honesto.

Está esperando que te presentes y hagas algo que importe, para ti.

Y que confíes en que si está destinado a ondular hacia afuera, lo hará.

El perfeccionismo es a menudo aferrarse disfrazado, un intento de controlar no solo el trabajo mismo sino cómo será recibido. Si solo puedo hacer esto impecable, piensa la mente, entonces será inmune a la crítica. Entonces será digno. Entonces yo seré digno.

Pero esta búsqueda de la perfección a menudo conduce a la parálisis creativa. Nunca comenzamos porque la brecha entre lo que imaginamos y lo que podemos ejecutar actualmente se siente demasiado grande. O nunca terminamos porque el trabajo nunca alcanza nuestro estándar imposible.

Peor aún, el perfeccionismo puede llevar a trabajo que es técnicamente impresionante pero emocionalmente estéril. Al pulir cada defecto, a menudo eliminamos la humanidad misma que permite a otros conectar con lo que hemos hecho.

Lo que conmueve a las personas no es la perfección técnica. Es la autenticidad. La vulnerabilidad. La sensación de que un ser humano real, con toda su complejidad y contradicción, hizo esta cosa como expresión de lo que le importa.

CREAR SIN AFERRARSE

Piensa en tu libro, canción, película o obra de arte favorita. Lo más probable es que lo que te atrae no sea su impecabilidad sino su verdad, la forma en que captura algo esencial sobre la experiencia humana, la forma en que te hace sentir visto o comprendido o menos solo.

Leonard Cohen expresó esto perfectamente en su canción "Anthem": "Toca las campanas que aún pueden tocar / Olvida tu ofrenda perfecta / Hay una grieta en todo / Así es como entra la luz".

Las grietas, las imperfecciones, los lugares donde nuestra humanidad se muestra, son a menudo precisamente lo que permite a otros conectar con nuestro trabajo creativo.

Esto no significa que abandonemos los estándares o dejemos de desarrollar nuestro oficio. Significa que reconocemos que la habilidad técnica sirve al propósito más profundo de la expresión auténtica, no al revés.

La paradoja es que cuando dejamos de intentar ser perfectos, cuando creamos para expresar en lugar de impresionar, a menudo producimos trabajo que resuena más profundamente con otros. Comunicamos no solo ideas o imágenes o sonidos, sino la experiencia humana vivida detrás de ellos. Creamos no artefactos perfectos, sino conexiones auténticas.

He visto esto desarrollarse innumerables veces con los creadores con los que trabajo. El escritor que finalmente deja de intentar sonar impresionante y simplemente escribe la historia que no puede dejar de pensar. El músico que deja de perseguir tendencias y crea el álbum que genuinamente quiere escuchar. El diseñador que rompe con la convención para hacer algo que personalmente le emociona.

En cada caso, liberar la necesidad de perfección, de aprobación universal, de "corrección" objetiva, los liberó para crear algo mucho más convincente que su búsqueda de la impecabilidad jamás podría haber producido.

Crea.

Libera.

Comienza de nuevo.

Este ritmo, de presentarte auténticamente, ofrecer lo que tienes, y luego dejar ir, es el corazón de crear sin aferrarse. No es un logro único sino una práctica continua, una relación con el proceso creativo que genera no solo trabajo significativo, sino una vida significativa.

El mundo no necesita tu ofrenda perfecta. Necesita tu verdad, tu perspectiva única, tu disposición a hacer algo real en lugar de esperar hasta que sea impecable.

Y tú tampoco necesitas perfección. Necesitas la alegría que viene de la creación auténtica, de estar completamente comprometido en traer algo significativo a la existencia, independientemente de cómo sea recibido en última instancia.

La alegría está en el crear.

El significado está en el hacer.

La belleza está en presentarte, una y otra vez, con manos abiertas y corazón abierto.

No aferrándote.

Solo creando.

Sabiduría Oriental en Acción: No-Apego en la Práctica Creativa

Crear sin aferrarse no es solo un concepto filosófico. Es un enfoque práctico que transforma tanto la experiencia de crear como a menudo la calidad de lo que se crea.

Considera estas prácticas concretas extraídas de la sabiduría oriental y adaptadas para el trabajo creativo contemporáneo:

Comienza con intención, termina con liberación. Antes de iniciar una sesión creativa, tómate un momento para establecer una intención enfocada en el proceso más que en el resultado. Quizás: "Tengo la intención de permanecer presente a lo que quiere emerger" o "Tengo la intención de crear con apertura y cuidado". Luego, cuando la sesión termina, conscientemente libera el apego a lo que has hecho con un simple gesto o frase. Algunos creadores literalmente abren sus manos como un recordatorio físico de esta liberación.

Practica la "mente de principiante". El concepto Zen de shoshin o "mente de principiante" nos invita a abordar cada acto creativo con ojos frescos, libres de preconcepciones sobre cómo "debería" ir o cuál "debería" ser el resultado. Incluso si has estado trabajando en tu campo por décadas, ¿puedes traer un sentido de descubrimiento al trabajo de hoy? ¿Puedes estar dispuesto a no saber exactamente hacia dónde va?

Separa creación de evaluación. Muchos procesos creativos se benefician de separar claramente la fase generativa (crear) de la fase evaluativa (evaluar y refinar). Cuando estas se difuminan, el aferrarse a menudo sigue. Prueba delimitar el tiempo: "Durante los próximos 30 minutos, solo crearé sin juzgar. Más tarde, puedo revisar con discernimiento".

Abraza la impermanencia. Algunas prácticas creativas incorporan intencionalmente la impermanencia para practicar el no-apego. Los mandalas de arena en el Budismo Tibetano son creados con elaborado cuidado durante días, luego ceremonialmente destruidos para simbolizar la impermanencia. Podrías crear algo hermoso sabiendo que es temporal, o practicar dejar ir trabajo al que te has vuelto demasiado apegado.

Usa restricciones como liberación. Paradójicamente, las restricciones a menudo aumentan la libertad creativa al eliminar la parálisis de demasiadas opciones. Establecer parámetros para tu trabajo, límites de tiempo, restricciones materiales, requisitos formales, puede reducir la autoconciencia y la fijación en los resultados, permitiendo un compromiso más espontáneo.

Practica gratitud por el proceso. Al final de una sesión creativa, independientemente de cómo te sientas sobre lo que has hecho, tómate un momento para apreciar la oportunidad de crear en absoluto. Esto cambia el enfoque de la evaluación del resultado a la gratitud por el proceso mismo, un poderoso antídoto para el apego.

Estas prácticas no eliminan el cuidado o el compromiso. Transforman cómo nos relacionamos con nuestro trabajo, de agarrar a sostener, de demandar a ofrecer, de controlar a colaborar.

Como sugiere el Tao Te Ching: "Haz tu trabajo, luego da un paso atrás. El único camino a la serenidad".

Reflexión: ¿Dónde Te Estás Aferrando?

Tómate un momento para reflexionar sobre tu propio proceso creativo:

- ¿Dónde notas que te aferras a resultados específicos?
- ¿Cómo afecta este aferrarse a tu experiencia creativa? ¿Tu alegría? ¿Tu disposición a tomar riesgos?
- ¿Cómo sería preocuparte profundamente por tu trabajo sin aferrarte a cómo es recibido?
- ¿Qué pequeño paso podrías dar hoy para practicar crear sin aferrarse?

Recuerda: la meta no es dejar de importar. Es importar de una forma que libere en lugar de limitar, que permita tanto a ti como a tu trabajo respirar.

Crear sin aferrarse no es algo que se logra una vez y para siempre. Es una práctica, a la que vuelves una y otra vez mientras recorres el camino creativo.

Pero cada vez que notas que te estás aferrando y suavemente abres las manos, creas más espacio para la alegría, para el descubrimiento, para que el trabajo se convierta en lo que necesita ser.

Y esa apertura, esa disposición a comprometerse plenamente sin agarrar, podría ser la mayor habilidad creativa de todas.

Crear libremente es una rebelión silenciosa. Pero a veces, la alegría necesita ser más ruidosa. A veces, lo más radical que podemos hacer es traer belleza, presencia y cuidado a lugares que parecen resistirse a ellos. Ahí es hacia donde nos dirigimos a continuación.

La Alegría de la Inquietud

CAPÍTULO 5

La Alegría como Rebelión

Rechazo
Me niego a ir en silencio
hacia el gris del deber.
Elijo color,
movimiento,
creencia salvaje.
Esta alegría no es escape,
es revolución.

Hay un tipo de alegría que el mundo no siempre comprende.

No se parece a la comodidad.

No suena como la cortesía.

No juega según las reglas de "encaja, mantente pequeño, haz lo que te dicen".

Este tipo de alegría arde.

Surge de la inquietud, no para destruir, sino para construir.

Mira la monotonía de la conformidad, el dolor de la injusticia, el peso muerto de la rutina, y dice:

No. Así no. Debe haber otra manera.

Y entonces, silenciosa o ruidosamente, comienza a crear esa manera.

El Acto Radical de Importar

En una cultura construida sobre la distracción, el cinismo y la autopreservación, *importar profundamente es un acto rebelde.*

Es más fácil dejarse llevar.

Desconectarse.

Adormecernos con productividad o desplazamiento o ritmos seguros y estancados.

Pero la alegría, la verdadera alegría, nos pide más. Nos pide estar *despiertos*. Sentir la tensión. Notar lo que está roto y aun así atrevernos a presentarnos con luz.

La alegría de la inquietud no es ingenua.

Se forja en el fuego de notar demasiado, *y negarse a apartar la mirada.*

Considera a lo que nos enfrentamos. Vivimos en lo que el sociólogo Hartmut Rosa llama una "sociedad de aceleración", un mundo que se mueve tan rápidamente que la conexión significativa se vuelve cada vez más difícil. La tecnología nos bombardea con estímulos diseñados para capturar la atención sin profundizar el compromiso. Los sistemas económicos recompensan la extracción sobre la regeneración, la eficiencia sobre la presencia, el crecimiento sobre el significado.

En este contexto, la desconexión se convierte en una defensa natural. ¿Por qué preocuparse demasiado por algo cuando todo se mueve demasiado rápido para sostenerlo? ¿Por qué invertir emocionalmente en lo que parece más allá de nuestro poder para cambiar? ¿Por qué sentir todo el peso de la complejidad del mundo cuando el entumecimiento ofrece un alivio tan conveniente?

Estas preguntas no son abstractas. Se viven diariamente en nuestras decisiones de apartar la mirada del sufrimiento, de aceptar sistemas destructivos como inevitables, de retirarnos al confort privado cuando el compromiso público se siente demasiado exigente.

La poeta y activista Audre Lorde reconoció este patrón hace décadas: "Las herramientas del amo nunca desmontarán la casa del amo". Una de esas herramientas es la desconexión emocional, la capacidad aprendida de dejar de importar como forma de sobrevivir dentro de sistemas que no valoran el cuidado.

Pero ¿y si importar, profunda, obstinada, inconvenientemente, es el acto más rebelde a nuestra disposición?

Importar en un mundo que recompensa el desapego es declarar que algo importa más que la conveniencia, más que el confort, más que encajar. Es plantar una bandera en el suelo de tus propios valores y decir: Esto importa lo suficiente para sentirme incómodo al respecto. Esto importa lo suficiente para permanecer despierto.

Esta calidad de cuidado no siempre se anuncia ruidosamente. Puede ser silenciosa, persistente, incluso gentil. Pero no te equivoques, es radical.

El maestro que se niega a tratar a los estudiantes como puntuaciones de exámenes, que ve su humanidad incluso dentro de sistemas deshumanizantes. El diseñador que insiste en la sostenibilidad cuando la obsolescencia planificada sería más rentable. El padre que crea zonas libres de tecnología para la conexión genuina en un hogar bombardeado por la distracción digital.

La Alegría de la Inquietud

Cada uno está involucrado en la rebelión, no a través de la protesta (aunque eso tiene su lugar), sino a través del simple y poderoso acto de importar cuando sería más fácil no hacerlo.

Joanna Macy, la activista ambiental y erudita budista, llama a esto "esperanza activa", no la esperanza de que todo saldrá bien, sino la elección de actuar como si nuestras acciones importaran incluso sin garantías. Ella describe: La esperanza activa es una práctica... implica tres pasos: Primero, tomamos una visión clara de la realidad; segundo, identificamos lo que esperamos; y tercero, tomamos medidas para movernos en esa dirección.

Esta secuencia, ver claramente, esperar activamente, moverse deliberadamente, es precisamente el camino de la inquietud a la alegría. No la alegría superficial de la negación o la distracción, sino la alegría más profunda que viene de alinear la acción con los valores, independientemente del resultado.

El teólogo croata Miroslav Volf habla de practicar la alegría 'contra la evidencia', no porque las cosas sean perfectas, sino porque la alegría misma se convierte en una forma de resistencia contra fuerzas que preferirían que permaneciéramos entumecidos, complacientes y desconectados.

Importar profundamente es rechazar ese entumecimiento. Sentir alegría en ese importar, incluso cuando duele, incluso cuando perturba, es quizás la elección más rebelde que podemos hacer.

La alegría de la inquietud no se trata de ponerse una cara feliz a pesar de todo. Se trata de permitirte sentir lo que importa tanto que te mueve a crear algo en respuesta. Se trata de rechazar la gris muerte de la desconexión y elegir en cambio la vibrante vitalidad del cuidado.

Esta no es una alegría cómoda. No es una alegría segura. Pero podría ser la alegría más humana disponible para nosotros, la alegría de estar completamente despiertos en un mundo que a menudo prefiere que permanezcamos dormidos.

La Inquietud como la Chispa del Cambio

La historia está llena de creadores, líderes y personas comunes cuya alegría fue una respuesta a lo que no podían aceptar.

El arquitecto que reconstruyó la belleza después de la guerra.
El maestro que reimaginó la educación frente a la desigualdad.
El fundador que comenzó una empresa no para "disrumpir", sino para *sanar*.

Su alegría no era optimismo ciego.

Se forjó en la incomodidad, y se convirtió en resistencia creativa.

No se conformaron con un mundo roto.

No se volvieron amargos.

Hicieron algo mejor.

Este patrón, de inquietud encendiendo acción creativa que finalmente genera alegría, se repite a lo largo de la historia humana, a través de culturas y contextos.

Considera a los pintores impresionistas de la Francia del siglo XIX. Rechazados por el Salón oficial con sus rígidos estándares académicos, estos artistas no se rindieron ni se conformaron. Crearon sus propias exhibiciones. Desarrollaron nuevas técnicas que capturaban la luz, el movimiento y la experiencia cotidiana de maneras que el establecimiento no podía reconocer como valiosas. Su descontento con el status quo no era sólo queja, era el catalizador para un enfoque revolucionario de ver y representar el mundo.

La Alegría de la Inquietud

Considera a Wangari Maathai, quien fundó el Movimiento Cinturón Verde en Kenia. Enfrentando la degradación ambiental, la falta de empoderamiento de las mujeres y la corrupción política, no se rindió a la desesperación. Organizó a mujeres para plantar árboles, más de 51 millones de ellos. Su descontento encendió acción, su acción construyó comunidad, y esa comunidad transformó no solo el paisaje sino el tejido social.

Estos ejemplos no son sobre individuos heroicos con habilidades sobrehumanas. Son sobre personas ordinarias que se negaron a aceptar lo que otros les dijeron que era inevitable. Su inquietud no era un defecto de personalidad o un fracaso para ajustarse, era una chispa creativa que encendió un cambio significativo.

Pero hay una distinción importante aquí. No toda inquietud lleva a la acción creativa. Algunos se endurecen en amargura, se calcifican en cinismo o se disuelven en apatía. ¿Qué marca la diferencia?

La investigación en psicología ofrece algunas pistas. Estudios sobre "descontento constructivo" versus "descontento destructivo" sugieren que el factor crítico es cómo nos relacionamos con nuestra insatisfacción.

El descontento constructivo mantiene la conexión, con otros, con el significado, con la posibilidad. Ve más allá de lo que está roto hacia lo que podría ser creado. Canaliza la frustración en imaginación y acción en lugar de rumiación o culpa.

El descontento destructivo, por el contrario, rompe la conexión. Aísla, se retira, ataca sin crear alternativas. Se enfoca exclusivamente en lo que está mal sin visualizar lo que podría estar bien.

La diferencia no está en cuán fuertemente sentimos la insatisfacción. La diferencia está en lo que hacemos con ella.

La Alegría como Rebelión

La famosa cita de la antropóloga Margaret Mead habla de esto: "Nunca dudes que un pequeño grupo de ciudadanos reflexivos y comprometidos puede cambiar el mundo; de hecho, es lo único que alguna vez lo ha hecho". Lo que hace efectivos a estos ciudadanos no es solo su compromiso, es su reflexión, su capacidad de transformar el descontento en acción creativa.

Esta capacidad transformadora no está reservada para movimientos histórico-mundiales o grandes innovaciones artísticas. Opera en la vida cotidiana, de maneras pequeñas pero significativas.

El padre insatisfecho con los libros infantiles disponibles que comienza a escribir sus propias historias en la mesa de la cocina. El miembro de la comunidad frustrado por el desperdicio de alimentos que organiza un sistema de compostaje vecinal. El trabajador de oficina cansado de entornos estériles que trae plantas y crea espacios de reunión que nutren la conexión.

Cada uno comienza con descontento, con la tensión entre lo que es y lo que podría ser. Pero en lugar de apartarse o rendirse, se vuelven hacia esa tensión y crean algo en respuesta.

Así es como la alegría emerge del descontento. No evitando los sentimientos difíciles, sino honrándolos lo suficiente para responder creativamente. No conformándose con lo que es, sino comprometiéndose plenamente con lo que podría ser.

Como observa la escritora y activista Rebecca Solnit, en esencia: La alegría no traiciona sino que sostiene el activismo. Y cuando te enfrentas a una política que aspira a hacerte temeroso, alienado y aislado, la alegría es un fino acto inicial de insurrección.

Esa insurrección comienza con el coraje de sentir el descontento plenamente, no como una carga a escapar, sino como una chispa para encender.

La Alegría de la Inquietud

El Jardín del Vecindario: Una Respuesta Colectiva

A la sombra de tres imponentes edificios de apartamentos, un terreno baldío había acumulado escombros durante décadas. Vidrios rotos, envolturas de comida rápida y muebles desechados formaban un monumento al abandono urbano. Los residentes pasaban apresuradamente, con los ojos apartados, como si la fealdad pudiera ser contagiosa.

María había vivido en el edificio del medio durante quince años, su ventana de la cocina daba al páramo. "Cada mañana, miraba afuera y sentía este peso", me dijo. "No solo tristeza, sino una especie de enojo. ¿Por qué deberíamos tener que vivir con esto? ¿Por qué nuestros hijos deberían pensar que esto es normal?"

El descontento era colectivo, sentido por docenas de residentes pero raramente discutido. Era ese tipo de resignación compartida que se instala en comunidades descuidadas, la aceptación tácita de que algunos lugares simplemente no merecen belleza.

Pero durante un invierno particularmente duro, algo cambió. María invitó a vecinos a tomar café e hizo una simple pregunta: "¿Y si hiciéramos algo con ese terreno nosotros mismos?"

La primera reunión atrajo a ocho personas. La segunda, quince. Para la tercera, tenían un plan formándose. No una propuesta formal a las autoridades, sino una respuesta directa: transformarían el espacio ellos mismos.

Comenzaron pequeño, limpiando basura los sábados, trayendo herramientas de casa. Enfrentaron escepticismo ("Solo volverá a ser un basurero"), obstáculos burocráticos (navegando permisos de la ciudad), y sus propias dudas sobre lo que era posible.

Pero siguieron presentándose. Un contratista jubilado enseñó a residentes más jóvenes cómo construir jardineras elevadas. Una enfermera organizó un intercambio de plántulas. Los niños diseñaron letreros pintados y bordes de piedra. Lo que comenzó como una limpieza evolucionó hacia un verdadero jardín comunitario, con vegetales, flores, bancas y eventualmente un pequeño parque infantil.

"La alegría no estaba en completarlo", explicó María. "Estaba en ver a la abuela de alguien enseñando a adolescentes cómo plantar tomates. Estaba en vecinos que habían vivido puerta con puerta durante años finalmente aprendiendo los nombres de los demás. Estaba en mi hijo diciendo que quiere ser arquitecto paisajista".

El jardín se convirtió en más que un proyecto de embellecimiento. Se convirtió en una manifestación física de rechazo colectivo, una declaración de que esta comunidad merecía belleza, merecía conexión, merecía cuidado. Su descontento compartido se convirtió en una fuerza creativa, transformando no solo el paisaje sino la relación de la comunidad consigo misma.

"No esperamos permiso para preocuparnos por donde vivimos", dijo Carlos, un residente de larga data que descubrió una pasión por el compostaje a través del proyecto. "Eso es lo que lo hace revolucionario. Decidimos que nuestro vecindario merecía algo mejor, así que lo hicimos mejor. Juntos".

El jardín todavía requiere mantenimiento. Los conflictos todavía surgen sobre decisiones de diseño y responsabilidades. Pero algo fundamental ha cambiado en cómo los residentes se relacionan con su espacio compartido y entre ellos. Su alegría colectiva no se trataba de alcanzar un punto final perfecto sino de crear activamente algo que encarna sus valores, de transformar la resignación en poder creativo.

Esta es la alegría colectiva como rebelión, no una emoción fugaz, sino una práctica continua de crear alternativas a lo que existe, de insistir en la belleza y la conexión en lugares diseñados para ninguna de las dos.

Historia: La Arquitecta Silenciosa

Hay una mujer que conozco, una diseñadora urbana, que comenzó su carrera construyendo condominios de lujo. El dinero era bueno. Los elogios eran constantes. Pero el trabajo la dejaba vacía.

Entonces tomó un año libre. Caminó por su ciudad. Escuchó. Se sentó en complejos de viviendas públicas. Habló con adolescentes, madres solteras, jubilados. Notó lo que la ciudad olvidó.

Ahora ella diseña espacios públicos inclusivos y dignos, no por prestigio, sino porque *se niega* a dejar que la alegría sea un bien de lujo.

Su descontento se convirtió en su plano. Su alegría está en el hacer.

Elena no planeaba convertirse en lo que ella llama "una arquitecta de los espacios olvidados". Su carrera había seguido una trayectoria ascendente predecible, universidad prestigiosa, pasantías competitivas, eventual asociación en una firma conocida por desarrollos elegantes y caros que transformaban horizontes urbanos.

"Estaba haciendo todo bien", me dijo. "Mis padres estaban orgullosos. Mi cuenta bancaria crecía. Mi trabajo estaba ganando premios".

Pero algo se sentía cada vez más mal. La desconexión se cristalizó una noche cuando asistió a una gala celebrando el último proyecto de su firma, una resplandeciente torre residencial con unidades de millones de dólares. Desde el bar de la azotea, podía ver directamente en las ventanas de un complejo de viviendas públicas a solo diez cuadras de distancia, donde los residentes no tenían acceso a espacios verdes, donde los parques infantiles habían sido abandonados al deterioro, donde los espacios compartidos fomentaban el aislamiento en lugar de la conexión.

"Me di cuenta de que estaba usando mi entrenamiento para crear espacios hermosos para personas que ya tenían acceso a la belleza", dijo. "Mientras tanto, la mayoría de la ciudad era tratada como si su necesidad de belleza, de dignidad en sus alrededores, fuera de alguna manera menos importante".

El descontento creció hasta que no pudo ignorarlo. Contra el consejo de mentores y la preocupación de la familia, tomó lo que llamó un "sabático de escucha". Durante meses, simplemente exploró áreas de la ciudad que nunca había visto realmente, a pesar de haber vivido allí durante una década. Se sentó en parques y plazas, observando cómo diferentes espacios fomentaban o dificultaban la conexión humana. Entrevistó a residentes sobre lo que amaban y lo que anhelaban en sus vecindarios.

Lo que descubrió no fue sorprendente, exactamente, pero fue transformador. Las personas universalmente deseaban espacios que reflejaran su dignidad, que facilitaran la conexión, que ofrecieran tanto refugio como posibilidad. Esto no era un lujo, era una necesidad humana fundamental, tan esencial como el refugio mismo.

"Me di cuenta de que la alegría en el espacio público no es frívola, es necesaria", explicó Elena. "Y el hecho de que sea sistemáticamente negada a ciertas comunidades no es solo un descuido. Es una forma de violencia".

En lugar de regresar a su antigua firma con nuevas ideas, Elena fundó su propia práctica con un enfoque radical. Trabajaría principalmente en comunidades desatendidas, diseñando espacios públicos con la misma atención a la belleza, funcionalidad y experiencia humana que típicamente se dedicaba a desarrollos de lujo. Priorizaría proyectos que los propios miembros de la comunidad identificaran como significativos. Y mediría el éxito no por premios o ganancias, sino por cómo los espacios eran realmente usados y valorados por las personas que vivían con ellos.

No ha sido fácil. El financiamiento siempre es un desafío. La resistencia burocrática es constante. El trabajo a menudo es lento y poco glamoroso.

Pero la alegría es palpable. No la satisfacción fugaz de la validación externa, sino la alegría más profunda de alinear el trabajo con los valores. La alegría de ver a niños descubrir un parque infantil diseñado para sus necesidades reales. La alegría de ver a ancianos reunirse en una plaza que honra su presencia. La alegría de crear belleza que pertenece a todos.

"No soy ingenua", dice Elena. "Sé que un espacio público bien diseñado no resuelve la desigualdad estructural o elimina el racismo o arregla la crisis de vivienda. Pero hace algo real. Le dice a una comunidad: Mereces belleza. Mereces dignidad. Mereces espacios hechos con cuidado".

Su descontento no la llevó a la desconexión. La llevó a reconcebir lo que la arquitectura podría ser y a quién podría servir. La llevó a la alegría, no a pesar de los desafíos, sino debido a su respuesta creativa a ellos.

Este es el patrón de la rebelión gozosa. No negar lo que está roto, sino negarse a aceptarlo como inevitable. No escapar de la incomodidad, sino permitir que encienda el compromiso creativo. No conformarse con cómo son las cosas, sino imaginar y luego construir cómo podrían ser.

La alegría no está en fingir que todo está bien. La alegría está en la creación de algo mejor.

Elegir la Alegría Cuando Es Más Fácil No Hacerlo

Algunos días, es más fácil desconectarse. Sacudirse el dolor. Creer que nuestro esfuerzo no importa.

Pero crear, liderar, construir desde un lugar de alegría, en un mundo que a menudo recompensa la desconexión, es algo radical.

Dice:

- Veo las grietas, y todavía me importa.
- Siento el peso, y todavía elijo el asombro.
- No estoy esperando permiso para estar completamente vivo.

Esta no es alegría superficial. Esta es alegría de profundidad. Alegría de raíz.

Hay un concepto erróneo persistente sobre la alegría: que es esencialmente pasiva, algo que nos sucede bajo circunstancias favorables. Que llega cuando las condiciones son adecuadas y se va cuando son desafiantes. Que es una recompensa por la facilidad más que un recurso para la dificultad.

Pero ¿y si la alegría es realmente una elección? No en un sentido simplista de "solo sé feliz" que niega el sufrimiento legítimo, sino en un sentido más profundo, un compromiso de permanecer comprometido con la belleza y la posibilidad de la vida incluso en medio de su quebrantamiento.

Este tipo de alegría elegida no se trata de ponerse una máscara de positividad. Se trata de una orientación fundamental hacia la vida que se niega a dejar que la dificultad tenga la última palabra. Se trata de insistir en crear significado incluso cuando el significado no nos es entregado.

La Alegría de la Inquietud

El psiquiatra austriaco y sobreviviente del Holocausto Viktor Frankl escribió profundamente sobre esto en "El Hombre en Busca de Sentido". Incluso en los campos de concentración, observó que algunos prisioneros encontraban formas de mantener su libertad interior, de elegir su respuesta al sufrimiento inimaginable. "Todo se le puede arrebatar a un hombre, excepto una cosa", escribió, "la última de las libertades humanas, la elección de la actitud en un conjunto dado de circunstancias, la elección del propio camino".

Esto no es para minimizar el sufrimiento o sugerir que la alegría siempre es igualmente accesible independientemente de las circunstancias. La opresión sistémica, el trauma, la pobreza y la enfermedad crean barreras muy reales para la alegría. Pero dentro del espacio que queda para la elección, y ese espacio varía ampliamente dependiendo del privilegio y las circunstancias, la decisión de orientarse hacia la alegría en lugar de la resignación se convierte en un poderoso acto de dignidad humana.

El líder de derechos civiles Howard Thurman habló de esto: "No preguntes qué necesita el mundo. Pregunta qué te hace cobrar vida, y ve a hacerlo. Porque lo que el mundo necesita es gente que ha cobrado vida".

Cobrar vida, elegir el compromiso sobre el entumecimiento, la creatividad sobre la resignación, el asombro sobre el cinismo, está en el corazón de la rebelión gozosa. No es una sola decisión sino una práctica, una a la que regresamos una y otra vez a medida que las circunstancias desafían nuestra capacidad para la alegría.

Esta práctica se vuelve especialmente importante en tiempos de crisis colectiva o estrés crónico. Cuando el ciclo de noticias es implacablemente sombrío, cuando los sistemas parecen demasiado arraigados para cambiar, cuando los desafíos personales se acumulan

La Alegría como Rebelión

sin resolución, estos son precisamente los momentos en que elegir la alegría se vuelve tanto más difícil como más necesario.

La investigación en psicología positiva sugiere que este tipo de alegría elegida no es solo psicológicamente beneficiosa, es prácticamente efectiva. Estudios de Barbara Fredrickson y otros muestran que las emociones positivas amplían nuestro campo perceptivo y construyen recursos cognitivos. Literalmente vemos más opciones, pensamos con más flexibilidad y accedemos a más soluciones creativas cuando mantenemos la conexión con estados emocionales positivos, incluida la alegría.

Esto no significa ignorar los problemas o fingir que todo está bien. Significa abordar los desafíos desde un lugar de viveza comprometida en lugar de resignación derrotada. Significa negarse a dejar que la dificultad reduzca nuestra capacidad de asombro, conexión y significado.

El poeta Jack Gilbert lo captura bellamente en su poema "Una Defensa":

"Debemos arriesgarnos al deleite.
Podemos prescindir del placer,
pero no del deleite.
No del gozo.
Debemos tener la terquedad de aceptar
nuestra alegría en el implacable
horno de este mundo."

Esta obstinada alegría no es ingenuidad. Es una insistencia de ojos claros en permanecer completamente humanos en un mundo que a menudo incentiva la humanidad parcial, las partes que producen, consumen y se conforman, pero no las partes que sueñan, crean y conectan.

Elegir la alegría en este contexto no es fácil. Requiere nadar contra poderosas corrientes de cinismo, desapego y resignación. Significa estar dispuesto a parecer tonto o ingenuo en una cultura que a menudo equipara la sofisticación con la ironía desapegada.

Pero esta elección, de importar profundamente, de comprometerse plenamente, de insistir en el asombro incluso en circunstancias difíciles, es precisamente lo que nos mantiene humanos en sistemas deshumanizantes. Es lo que nos permite imaginar y luego crear alternativas a lo que existe.

Es por eso que la alegría es rebelión. No porque niegue la realidad, sino porque se niega a dejar que la realidad tenga la última palabra. Porque insiste en que siempre hay algo que podemos crear, algo que podemos ofrecer, alguna forma en que podemos ampliar la vida en lugar de encogernos de ella.

Como lo expresa el filósofo Cornel West: "La alegría es diferente de la felicidad. La felicidad está ligada a nuestras circunstancias, ya sea que las cosas vayan para arriba o para abajo. La alegría es una firmeza... el coraje de regocijarse cuando los tiempos son difíciles".

Este coraje no viene fácilmente. Pero viene. A través de la práctica. A través de la comunidad. A través de la elección diaria de permanecer comprometido en lugar de retirarse, de crear en lugar de meramente criticar, de insistir en la belleza incluso en los lugares rotos.

Esa elección, hecha y rehecha cada día, está en el corazón de la rebelión gozosa.

Rebelión a Través de la Belleza

El arte siempre ha conocido esta verdad: la belleza puede ser protesta.

Escribir un poema en una zona de guerra.

Pintar en una pared que se desmorona.

Bailar donde el baile está prohibido.

Hablar amor en estructuras que prosperan con el miedo.

Estos no son gestos suaves.

Son declaraciones: *Todavía somos humanos. Todavía sentimos. Todavía imaginamos.*

El acto creativo se convierte en la resistencia.

Y la alegría se convierte en la bandera que enarbolamos.

A lo largo de la historia, la belleza ha servido no solo como decoración sino como declaración, una forma de insistir en la dignidad, la posibilidad y visiones alternativas frente a fuerzas deshumanizantes.

Los murales que transforman barreras de concreto en historias de liberación. Los jardines plantados en terrenos abandonados. La música que da voz a verdades que las narrativas oficiales intentan silenciar. Los rituales comunitarios que preservan la memoria cultural contra fuerzas de borrado.

En cada caso, la belleza sirve no como escape de realidades duras sino como respuesta a ellas, un rechazo a aceptar la fealdad, la degradación o el olvido como inevitables.

El poeta polaco Zbigniew Herbert escribió, en esencia, durante el opresivo régimen comunista: Tienes que crear tu propia estética, contra el vacío, contra el horror, incluso cuando no sirve de mucho. Tienes que dejar un rastro, porque todos estamos escribiendo en la arena con un palo que se romperá.

Este acto, de dejar un rastro de belleza contra el vacío, ha sostenido la dignidad humana a través de los capítulos más oscuros de la historia. Durante el Holocausto, prisioneros en campos de concentración crearon arte con retazos, componían música, recitaban poesía de memoria. No porque estos actos los salvarían de la muerte física, sino porque preservaban algo esencial sobre lo que significa ser humano.

Las Madres de Plaza de Mayo argentinas marcharon silenciosamente en círculos, vistiendo pañuelos blancos bordados con los nombres de sus hijos "desaparecidos" durante la dictadura militar. Su elección estética, formación circular, pañuelos blancos contra circunstancias oscuras, transformó su dolor en un poderoso testimonio visual que eventualmente ayudó a derribar un régimen.

En Sudáfrica durante el apartheid, la música y la danza se convirtieron en vehículos no solo para expresar oposición sino para imaginar y encarnar la sociedad más justa por la que los activistas estaban luchando. Como el Arzobispo Desmond Tutu a menudo observaba, las canciones de protesta no eran solo sobre enojo, contenían alegría, incluso en medio del sufrimiento, porque conectaban a las personas con una visión más grande que la realidad presente.

Estos ejemplos no son excepciones. Representan una respuesta humana consistente a la opresión, la violencia y la deshumanización: la creación de belleza no como decoración, sino como declaración de lo que permanece inviolable en el espíritu humano.

Esto no se trata de estetizar el sufrimiento o sugerir que el arte por sí solo puede resolver problemas estructurales. Se trata de reconocer que la belleza, intencionalmente creada y compartida, sirve funciones esenciales en la resistencia y resiliencia humanas.

La belleza nos recuerda lo que es posible más allá de las limitaciones actuales. La belleza preserva la memoria cultural cuando las narrativas oficiales intentan el borrado. Crea momentos de conexión en contextos diseñados para el aislamiento. Insiste en la dignidad cuando los sistemas intentan la degradación.

Y quizás lo más importante, la belleza crea alegría, no la felicidad superficial de olvidar lo que está roto, sino la alegría más profunda de permanecer completamente vivo tanto al sufrimiento como a la posibilidad. La alegría que viene de negarse a dejar que las circunstancias determinen la medida completa de tu humanidad.

La escritora y activista adrienne maree brown habla del "activismo del placer", el cultivo deliberado de la alegría, la conexión y el deleite como aspectos esenciales del trabajo por la justicia. Ella escribe, en esencia, que el placer y la alegría, particularmente el placer y la alegría de estar en armonía entre nosotros y con el planeta, son parte del mundo que estamos tratando de crear. "Parte de nuestro trabajo es hacer que la justicia y la liberación sean irresistibles", añade.

Este hacer que la justicia y la liberación sean "irresistibles" no se trata de negar su dificultad. Se trata de insistir en que el mundo por el que estamos trabajando no es solo sobre la ausencia de opresión sino la presencia de belleza, conexión y alegría.

La rebelión radica en negarse a posponer la alegría hasta después de alguna victoria futura. Radica en reclamar la alegría ahora, como parte de la resistencia creativa misma.

Esto es lo que distingue a la rebelión gozosa de la mera oposición. La oposición se define principalmente contra lo que rechaza. La rebelión gozosa ciertamente incluye crítica, pero se mueve más allá de la crítica hacia la creación. Articula alternativas. Encarna, aunque imperfectamente, los valores que busca en el mundo más amplio.

De esta manera, la alegría misma se convierte tanto en medio como en fin, tanto el camino como el destino. No luchamos por un mundo de justicia y belleza para que algún día, finalmente, podamos experimentar alegría. Traemos alegría a la lucha misma, como una forma de política prefigurativa, encarnando en nuestra resistencia presente las cualidades que buscamos en el futuro por el que estamos trabajando.

Esta es la invitación de la rebelión gozosa: no esperar condiciones perfectas, sino crear belleza ahora, donde estás, con lo que tienes. No porque resuelva todo, sino porque importa. Porque declara que no importa qué fuerzas intenten disminuir la dignidad humana, algo en nosotros permanece soberano, creativo y libre.

El acto creativo se convierte en la resistencia.

Y la alegría se convierte en la bandera que enarbolamos.

Una Práctica: Pregunta Qué Te Niegas a Aceptar

Intenta esto:

Escribe una cosa que no puedes aceptar sobre el mundo, o tu mundo.

Luego pregunta:

- ¿Qué tipo de belleza podría crear en respuesta a esto?
- ¿Qué tipo de luz podría ofrecer, incluso si se siente pequeña?
- ¿Qué podría construir que se convierta en una rebelión silenciosa?

Tu alegría no está separada de tu fuego.

Es cómo tu fuego se *mueve a través de ti*.

Esta práctica no se trata de generar una respuesta perfecta o una solución inmediata. Se trata de entrenar tu capacidad para moverte del descontento a la creación, de notar lo que no puedes aceptar a imaginar lo que podrías ofrecer en respuesta.

La clave está en la especificidad. En lugar de sentirte abrumado por todo lo que necesita cambiar, enfócate en un aspecto particular del mundo (o tu mundo) que encuentras inaceptable. Podría ser algo global o algo local. Algo sistémico o algo personal. Lo que importa es que genuinamente te importe, que sientas una respuesta emocional real a esta condición inaceptable.

Una vez que hayas identificado este punto de descontento, permítete sentirlo completamente. No te apresures a arreglar o resolver. Simplemente reconoce: Esto me importa. Esto se siente inaceptable.

Luego, cambia de problema a posibilidad. Pregunta no solo "¿Qué está mal?" sino "¿Qué podría crearse en respuesta?" Esto no significa que tu creación deba resolver directamente el problema. Podría ofrecer una visión alternativa. Podría preservar lo que está siendo amenazado. Podría simplemente dar testimonio de lo que importa.

La belleza que crees podría tomar innumerables formas. Podría ser artística, un poema, una pintura, una canción, un jardín. Podría ser relacional, una nueva forma de conectar con otros, una reunión comunitaria, un enfoque diferente a la conversación. Podría ser estructural, un programa, una organización, una política cambiada en tu lugar de trabajo o comunidad.

Lo que importa no es la escala o la forma, sino el movimiento del descontento pasivo a la respuesta creativa. De meramente observar lo que es inaceptable a ofrecer algo en su lugar.

Esta práctica construye el músculo central de la rebelión gozosa: la capacidad de transformar la conciencia en creación, de canalizar la energía del descontento en la energía de hacer.

Y mientras practicas este movimiento, del descontento a la creación, de la observación a la ofrenda, puedes descubrir algo sorprendente:

la alegría emerge no a pesar de tu clara conciencia de lo que está roto, sino debido a tu respuesta creativa a ello.

Tu alegría no está separada de tu fuego.

Es cómo tu fuego *se mueve a través de ti.*

La Alegría No Necesita Permiso

No tienes que esperar hasta que las cosas estén arregladas.

No necesitas ganarte el derecho a crear, liderar, jugar, construir.

Puedes comenzar ahora.

Justo en medio del desorden.

El mundo necesita personas que sienten profundamente, y aun así avanzan con corazón.

No porque sea fácil. Sino porque importa.

Hay un mito persistente en nuestra cultura: que la alegría es algo a lo que llegamos después de que los problemas se resuelvan, después de que las condiciones sean perfectas, después de que hayamos marcado suficientes casillas o arreglado suficientes defectos.

Este mito aparece de innumerables formas. El comercial de ahorro para la jubilación que sugiere que la vida real comienza después de décadas de trabajo. La industria de la belleza que implica que la alegría espera al otro lado de la apariencia perfeccionada. El paradigma de la superación personal que posiciona la felicidad como la recompensa por convertirse en una "mejor versión" de ti mismo.

Estas narrativas comparten una estructura común: la alegría existe en otro lugar, después de que algo se resuelva. Es condicional, contingente, disponible solo bajo las circunstancias adecuadas.

La Alegría como Rebelión

Pero ¿y si toda esta premisa está al revés? ¿Y si la alegría no es lo que obtenemos después de crear mejores condiciones, sino lo que nos permite crear esas condiciones en primer lugar?

Este es el replanteamiento radical que ofrece la rebelión gozosa: la alegría no viene después. La alegría viene a través. No es la recompensa por arreglar lo que está roto, es el recurso que nos sostiene mientras nos comprometemos con lo roto.

Esto no significa que debamos negar las dificultades o fingir que todo está bien cuando no lo está. Significa que podemos reclamar alegría incluso en medio de trabajar por el cambio, no como escape de la realidad, sino como combustible para comprometernos con ella más plenamente.

La escritora y activista Audre Lorde habló poderosamente de esto cuando, mientras luchaba contra el cáncer, escribió: "Cuidarme no es autoindulgencia, es autopreservación, y eso es un acto de guerra política." Para Lorde, reclamar alegría y placer no estaba separado de su trabajo por la justicia, era integral a él, una forma de rechazar el agotamiento con el que los sistemas de opresión cuentan para mantenerse.

Esta perspectiva transforma cómo pensamos sobre crear cambio, ya sea en nuestras vidas personales, nuestras comunidades o nuestro mundo. No tenemos que elegir entre reconocer problemas y experimentar alegría. Podemos hacer ambos simultáneamente. De hecho, la alegría más profunda a menudo emerge precisamente en el acto de comprometerse creativamente con lo que más importa.

Considera a los activistas climáticos que plantan jardines comunitarios, no solo como gestos simbólicos, sino como ejemplos concretos del mundo por el que están trabajando. O los abolicionistas de prisiones que crean círculos de justicia restaurativa que encarnan alternativas a los sistemas punitivos. O los educadores que diseñan entornos de aprendizaje basados en la curiosidad y la colaboración en lugar de la competencia y la estandarización.

En cada caso, no están esperando a que las condiciones sean perfectas antes de experimentar la alegría de los valores que defienden. Están trayendo esos valores a su trabajo actual, encontrando alegría en la creación misma, incluso mientras reconocen cuánto queda por transformar.

Esta es la percepción esencial de la rebelión gozosa: no tenemos que esperar permiso para experimentar alegría. No tenemos que ganarla a través de circunstancias perfectas o acción perfecta. Podemos reclamarla ahora, como nuestro derecho de nacimiento, no a pesar del mundo roto, sino como parte de nuestro compromiso creativo con él.

La música y activista Toshi Reagon lo expresa, en esencia: He dedicado mi vida a hacer cosas que toman mucho tiempo. Debo encontrar alegría en el trabajo día a día, no puedo estar solo esperando el resultado.

Este reclamo diario de la alegría no es frívolo ni indulgente. Es necesario. Es lo que nos permite sostener el compromiso con un cambio que podría tomar generaciones. Es lo que nos ayuda a resistir el agotamiento, el cinismo y la desesperación que tan a menudo descarrilan los esfuerzos hacia una mayor justicia y belleza.

El mundo necesita personas que sienten profundamente, que rechazan los efectos adormecedores de sentirse abrumados, que mantienen su capacidad tanto para el dolor como para la alegría, que se comprometen con todo el espectro de la experiencia humana en lugar de reducirse a meros funcionarios dentro de sistemas rotos.

Y el mundo necesita personas que avanzan con corazón, que responden a lo que ven no con parálisis o solo con rabia, sino con acción creativa arraigada en el amor por lo que es posible.

Esta combinación, sentimiento profundo y acción centrada en el corazón, es la esencia de la rebelión gozosa. No es fácil. Requiere nadar contra poderosas corrientes de cinismo, desapego y resignación. Significa estar dispuesto a parecer ingenuo o tonto en una cultura que a menudo equipara la sofisticación con la ironía desapegada.

Pero esta elección, de importar profundamente, de comprometerse plenamente, de insistir en la alegría incluso en circunstancias difíciles, es precisamente lo que nos mantiene humanos en sistemas deshumanizantes. Es lo que nos permite imaginar y luego crear alternativas a lo que existe.

No tienes que esperar hasta que las cosas estén arregladas.

No necesitas ganarte el derecho a crear, liderar, jugar, construir.

Puedes comenzar ahora.

Justo en medio del desorden.

La alegría, cuando se practica frente al descontento, se convierte en una especie de gracia. Y la gracia no siempre termina lo que comienza. En el próximo capítulo, exploraremos cómo hacer las paces con lo inacabado, y por qué eso puede ser el acto más humano de todos.

La alegría está en el convertirse.

La Alegría de la Inquietud

CAPÍTULO 6

Lo Hermosamente Inacabado

Convertirse
Deja la pintura sin secar.
Deja que la canción se apague.
Camina sin conocer la última línea.
La obra maestra nunca fue la meta,
fue el gesto de tu mano,
la punzada en tu pecho,
el suspiro que dijo:
aún estoy aquí.

Vivimos en una cultura obsesionada con terminar.
Proyectos. Libros. Carreras. El ser.

Pero hay algo sagrado en lo que permanece inacabado. Algo *humano* en las grietas, los borradores, los pensamientos incompletos.

La perfección es estéril. La terminación es temporal.

Pero lo *inacabado*, está vivo.

Vivir en la alegría del descontento es dejar de temer lo no terminado.

Permitir que tu vida sea un borrador, tu trabajo un proceso, tu ser un lienzo aún en movimiento.

Los Pirahã y el Lenguaje del Ahora

Hay una tribu en el Amazonas, los **Pirahã**, cuyo idioma no tiene tiempo pasado ni futuro fijo. Estudiados por el lingüista **Daniel Everett**, su cultura desafía todo lo que creemos saber sobre el tiempo, el propósito y la satisfacción.

Los Pirahã no hablan de lo que sucedió hace mucho tiempo.

No hacen planes para futuros lejanos.

Viven en la *inmediatez de la experiencia*.

Y son, según muchos informes, una de las personas más felices de la Tierra.

No miden la vida por la terminación.

Viven por la *presencia*.

Hay una lección aquí. Un recordatorio silencioso de que la alegría no está en llegar, está en *habitar*.

Cuando Daniel Everett fue a vivir con los Pirahã en los años 1970, fue como misionero, con la intención de traducir la Biblia a su idioma. Lo que descubrió en cambio fue una cosmovisión tan radicalmente diferente de la suya que finalmente transformó su comprensión del lenguaje, la conciencia y lo que significa ser humano.

El idioma Pirahã, descubrió Everett, carece de varias características consideradas universales en los idiomas humanos, incluyendo números, términos fijos de colores y, lo más sorprendente, gramática recursiva (la capacidad de insertar cláusulas dentro de cláusulas). Pero quizás la diferencia más profunda era su relación con el tiempo.

Los Pirahã tienen lo que los lingüistas llaman un principio de "inmediatez de la experiencia". Generalmente no discuten eventos que no han presenciado de primera mano o que no han sido reportados directamente por un testigo. Sus conversaciones se centran abrumadoramente en lo que está sucediendo ahora, con referencia limitada al pasado o futuro distante.

Esto no se debe a una limitación cognitiva, los Pirahã son capaces de entender conceptos temporales cuando es necesario. Más bien, refleja un valor cultural puesto en la experiencia inmediata en lugar del tiempo abstracto. Su felicidad no depende de logros recordados o terminaciones anticipadas. Emerge del compromiso pleno con el momento presente.

Lo que es notable de los Pirahã es su contentamiento a pesar de (o quizás debido a) esta orientación. No experimentan la insatisfacción crónica que a menudo caracteriza a las culturas orientadas al logro, la persistente sensación de que la vida sería mejor después del próximo logro, la próxima adquisición, el próximo hito.

Como escribe Everett en "No Duermas, Hay Serpientes", "los Pirahã 'no muestran evidencia de depresión, ansiedad crónica o suicidio." No dependen de la validación externa para su felicidad, observa.

Esto no significa que sus vidas estén libres de dificultades. Enfrentan los desafíos significativos de vivir en un entorno exigente, incluyendo escasez de alimentos, enfermedades y amenazas externas a su forma de vida. Pero su respuesta a estos desafíos no implica el esfuerzo orientado al futuro que caracteriza gran parte de la existencia moderna.

La Alegría de la Inquietud

El enfoque de los Pirahã encuentra fascinantes paralelos en otras culturas. En Japón, la tradición estética del *wabi-sabi* abraza la belleza de lo imperfecto, impermanente e incompleto. En lugar de ver la incompletitud como un defecto, wabi-sabi la reconoce como una verdad fundamental de la existencia. El tazón agrietado, el arreglo asimétrico, la puerta desgastada por el clima, estos no son intentos fallidos de perfección sino expresiones de una belleza más profunda que acepta la naturaleza transitoria de todas las cosas.

Wabi-sabi surgió de la filosofía budista Zen, que enfatiza que nada está terminado, nada es perfecto y nada dura. Sin embargo, en lugar de responder a esta realidad con desesperación, la tradición encuentra belleza y significado profundos precisamente en estas cualidades. Los cerezos en flor son valorados no a pesar de su breve floración sino por ella. El objeto hecho a mano es valorado no a pesar de sus irregularidades sino por ellas.

Tanto la inmediatez temporal de los Pirahã como la estética wabi-sabi japonesa desafían la fijación de la cultura occidental en la terminación y la permanencia. Sugieren caminos alternativos hacia la alegría, no a través de llegar a algún punto final imaginado, sino a través de habitar plenamente el presente en desarrollo.

Estas perspectivas nos invitan no a abandonar nuestras metas o proyectos, sino a sostenerlos de manera diferente. A reconocer que la alegría no está en terminar, sino en el hacer. No en haber llegado, sino en estar completamente presente para el viaje.

Hay una lección aquí. Un recordatorio silencioso de que la alegría no está en llegar, está en *habitar*.

La Terminación Es un Concepto. La Creación Es un Estado.

Pensamos que queremos estar terminados.

Pero lo que realmente queremos es *estar en ello*, estar comprometidos, iluminados, moviéndonos.

Terminado es estático.

La creación es dinámica.

Y la creación requiere la voluntad de seguir adelante, incluso cuando el final no está a la vista.

Algunas de las cosas más significativas en la vida, las relaciones, las visiones, los llamados, nunca alcanzan una línea de meta.

Se despliegan.

Se profundizan.

Cambian de forma.

Amar algo es dejarlo evolucionar.

La noción de terminación es seductora. Promete alivio, logro, prueba de valor. Sugiere un punto de parada, un momento cuando finalmente podemos descansar, sabiendo que hemos llegado.

Pero este concepto de "terminado" es en gran parte artificial. Mira de cerca cualquier cosa que consideremos completa, y encontrarás procesos continuos bajo la superficie. El libro "terminado" sigue evolucionando en las mentes de sus lectores. El edificio "completado" comienza su larga conversación con el clima, los habitantes y el tiempo. El ser "perfeccionado" es una construcción temporal, siempre a una experiencia de vida de mayor transformación.

La Alegría de la Inquietud

¿Y si la terminación no es un estado real sino simplemente un marco conceptual que imponemos al flujo continuo de la creación? La botánica y miembro de la Nación Potawatomi, Robin Wall Kimmerer, ofrece una perspectiva indígena que naturalmente abraza lo inacabado. Describiendo a una tejedora de cestas en "Trenzando Dulce Hierba", observa: "La canasta no está terminada cuando la forma está completa. Está terminada cuando ha sido entregada" (Kimmerer, 2013).

Esta comprensión ve la terminación no como un estado final sino como una transición en la relación. La canasta no es un objeto a perfeccionar; es una conexión viva entre hacedor, materiales, comunidad y uso futuro. Su valor no radica en alcanzar algún punto final, sino en continuar su viaje.

Cuando vemos nuestro trabajo creativo a través de esta lente, la ansiedad sobre terminar se transforma en aprecio por continuar. Reconocemos que nuestras creaciones nunca están verdaderamente "terminadas", siempre están en conversación con el mundo, siempre son parte de una historia continua que se extiende más allá de nuestra contribución individual.

El compositor John Cage exploró esta idea a través de piezas como "4'33", una obra que consiste en cuatro minutos y treinta y tres segundos de silencio. La pieza nunca es igual dos veces, ya que está compuesta por los sonidos ambientales que ocurren mientras el músico se sienta sin tocar. Nunca está "completa" porque continúa siendo creada en cada interpretación a través del entorno sonoro único de ese momento.

El enfoque de Cage desafía la comprensión convencional de lo que significa que una pieza musical esté "terminada". La obra existe no como un objeto fijo sino como un evento continuo, un marco para prestar atención más que una secuencia predeterminada de sonidos.

Esta perspectiva no se limita al arte experimental. Se aplica a cualquier cosa que creamos, ya sean sinfonías o software, relaciones o jardines, organizaciones o ideas. Lo que llamamos "terminado" es simplemente una instantánea momentánea de algo que está evolucionando continuamente.

La creación, por contraste, no es una línea de meta sino un estado de ser, una forma de comprometerse con el mundo. Es dinámica, receptiva, viva a la posibilidad. No busca congelar la realidad en formas perfectas sino participar en su continuo despliegue.

El psicólogo Mihaly Csikszentmihalyi, cuya investigación sobre el flujo exploramos anteriormente, encontró que las personas a menudo experimentan la mayor satisfacción no en la terminación sino en el proceso creativo mismo. El estado de flujo, de inmersión completa en una actividad desafiante, proporciona alegría más consistente que el momento de terminar.

Esto tiene sentido evolutivamente. Si nuestra satisfacción viniera principalmente de la terminación, tendríamos poca motivación para seguir creando una vez que las necesidades básicas de supervivencia fueran satisfechas. En cambio, nuestros cerebros recompensan el proceso mismo de resolver problemas, descubrir y crear, dándonos dopamina no solo por lograr metas sino por la búsqueda misma.

Algunos de los aspectos más significativos de la vida nunca alcanzan la terminación en absoluto. Las relaciones no son proyectos a terminar sino conversaciones que evolucionan con el tiempo. La práctica espiritual no es un curso a completar sino un compromiso continuo con el misterio. La crianza no termina con algún logro final sino que continúa evolucionando a través de formas cambiantes de conexión.

Amar algo, ya sea una persona, una práctica, un llamado, es comprometerse con su evolución. Es comprometerse no solo con lo que es ahora, sino con lo que está llegando a ser. Es participar en su despliegue en lugar de intentar congelarlo en una forma perfecta y completa.

Esta perspectiva transforma cómo abordamos nuestro trabajo creativo, cualquiera que sea su forma. En lugar de empujar ansiosamente hacia la terminación, podemos habitar el estado creativo más plenamente. Podemos atender a lo que está emergiendo, responder a lo que se necesita y encontrar alegría en el compromiso mismo.

El poeta Rainer Maria Rilke capturó esto bellamente en su consejo a un joven poeta: "Sé paciente hacia todo lo no resuelto en tu corazón y trata de amar las preguntas mismas... No busques ahora las respuestas, que no pueden dársete porque no podrías vivirlas. Y el punto es, vivir todo. Vive las preguntas ahora."

Vivir las preguntas. Amar lo no resuelto. Habitar el estado creativo en lugar de apresurarse hacia la terminación. Esta es la invitación de lo inacabado, encontrar alegría no en estar terminado, sino en estar completamente comprometido en el proceso continuo de creación.

Historia: El Inventor Eterno

Una vez conocí a un ingeniero jubilado que tenía un taller lleno de inventos a medio terminar. Hornos solares. Muletas adaptativas. Prototipos de juguetes para niños con discapacidades.

Nunca había patentado nada.

Sonrió y dijo: "Supongo que estoy más enamorado del *intentar* que del *completar*."

Y lo decía en serio.

Esa habitación no estaba llena de fracasos. Estaba llena de *vitalidad*. Curiosidad. Atención. Cuidado.

Nunca estaba "terminado", pero estaba profundamente alegre.

El taller de Roberto ocupaba un garaje convertido detrás de su modesta casa en el Medio Oeste. Desde fuera, parecía común. Dentro, contenía un extraordinario paisaje de posibilidad, estanterías alineadas con prototipos en varias etapas de desarrollo, paredes cubiertas con bocetos y notas, mesas con el caos organizado de proyectos en curso.

Ahora en sus tardíos setenta, Roberto había pasado décadas como ingeniero mecánico para una gran empresa de fabricación. Su trabajo profesional había sido sólido y respetado, si no particularmente innovador. La compañía valoraba la confiabilidad por encima de la toma de riesgos, y Roberto había entregado exactamente eso a lo largo de su carrera.

Pero todo ese tiempo, había estado construyendo su propio laboratorio creativo en casa. Noches y fines de semana, desaparecía en su taller para perseguir ideas que no lo dejaban en paz, inventos que creía podrían resolver problemas reales, particularmente para personas con recursos limitados o discapacidades físicas.

"Crecí pobre", me dijo. "Y tenía una hermana con parálisis cerebral. Supongo que nunca olvidé cómo se siente necesitar soluciones que aún no existen".

La Alegría de la Inquietud

Lo que más me impresionó del taller de Roberto no fue solo la creatividad de los inventos, aunque muchos eran genuinamente inteligentes, sino su relación con su estado inacabado.

En un estante había una serie de prototipos de hornos solares, cada uno abordando limitaciones de la versión anterior. Ninguno era "perfecto". Algunos habían sido abandonados cuando un enfoque nuevo parecía más prometedor. Otros claramente seguían evolucionando.

"La gente pregunta por qué no los termino y los llevo al mercado", dijo. "Pero para mí, una vez que el problema central está resuelto, mi curiosidad avanza. Prefiero trabajar en el siguiente desafío que pasar años en fabricación y marketing".

Otra pared mostraba muletas ajustables diseñadas para niños en países en desarrollo, hechas con materiales disponibles localmente, fácilmente reparables y diseñadas para "crecer" con el niño. Nuevamente, ninguna había llegado a producción.

"Envío los diseños a organizaciones que pueden usarlos", explicó. "Tal vez alguien los tome, tal vez no. Pero los diseños existen ahora. La posibilidad existe que no estaba allí antes".

Lo que podría parecer una habitación llena de proyectos abandonados era en realidad un espacio de creación continua, una manifestación física de curiosidad y resolución de problemas en curso. Roberto no medía el éxito por la terminación o comercialización. Lo medía por el compromiso con preguntas significativas.

Cuando le pregunté si lamentaba no haber llevado más inventos al mercado, su respuesta reveló un profundo contentamiento con la vida creativa que había elegido.

"Podría haber elegido una cosa y haberla llevado hasta el final, obtener patentes, encontrar inversores, construir una empresa. Y entonces tendría un producto terminado y muchos dolores de cabeza de negocios", se rió. "En cambio, he tenido cincuenta años de seguir mi curiosidad donde me lleva. He resuelto docenas de problemas interesantes, aunque solo parcialmente. Para mí, ese ha sido el camino más rico".

El enfoque de Roberto desafía las medidas convencionales de éxito creativo. En una cultura que celebra el producto terminado, el resultado medible, la innovación monetizable, su alegría en el proceso inacabado mismo representa un tipo diferente de logro.

Su taller no estaba lleno de fracasos. Estaba lleno de *vitalidad*. Curiosidad. Atención. Cuidado. Cada prototipo representaba no incompletitud sino compromiso auténtico con preguntas que le importaban.

Esta perspectiva no disminuye el valor de llevar las cosas hasta la implementación. El mundo necesita tanto a los creadores exploratorios como a aquellos que transforman posibilidades en practicidades. Pero la historia de Roberto nos recuerda que lo inacabado no es meramente una estación hacia la terminación. Es un estado creativo válido con su propia alegría particular.

Él nunca estaba "terminado", pero estaba profundamente alegre. Y esa alegría venía no a pesar de la naturaleza inacabada de su trabajo, sino debido a su disposición a habitar el medio creativo, a valorar el proceso de descubrimiento tanto como el destino de la terminación.

LLEGAR A SER ES UN ESTADO DE TODA LA VIDA

No hay una versión final de ti.

No hay un punto final donde todo esté ordenado y resuelto.

Y gracias a Dios.

Ser humano es estar en movimiento.

Seguir aprendiendo, cambiando, suavizando.

Decir, una y otra vez: *Todavía estoy aquí. Todavía estoy abierto. Todavía me estoy convirtiendo.*

Esto no es resignación, es alivio.

Significa que no estamos retrasados. No perdidos. No rotos.

Solo en proceso.

Nuestra cultura alberga una fantasía peculiar: que en algún lugar de la adultez, llegaremos a una versión terminada de nosotros mismos. Finalmente lo tendremos todo resuelto, nuestra carrera, nuestras relaciones, nuestro propósito, nuestra paz. Alcanzaremos una meseta donde el cambio se vuelve innecesario porque hemos logrado algún estado idealizado de terminación.

Esta fantasía no es solo poco realista, malinterpreta fundamentalmente lo que significa ser humano.

La investigación sobre el desarrollo humano muestra cada vez más que el crecimiento no se detiene en algún punto predeterminado. A lo largo de la adultez, nuestros cerebros siguen siendo capaces de formar nuevas vías neuronales. Nuestras personalidades continúan evolucionando. Nuestras capacidades para la sabiduría, la compasión y el compromiso creativo pueden profundizarse hasta bien entrada la vejez.

Como lo expresa el psicólogo del desarrollo Robert Kegan, en esencia, el desarrollo del yo no es la retención de un yo fijo sino más bien la evolución del yo. No estamos destinados a llegar a alguna versión

Lo Hermosamente Inacabado

final sino a continuar convirtiéndonos en más complejos, más integrados, más plenamente nosotros mismos a lo largo de la vida.

Esta evolución continua no es un error en el sistema. Es el sistema funcionando exactamente como fue diseñado.

Considera cómo esta perspectiva transforma nuestra relación con los desafíos de la vida. Cuando creemos en un yo terminado, cada dificultad se convierte en un obstáculo para la llegada, un problema a superar en el camino hacia ese estado idealizado. Pero cuando abrazamos el convertirse como un proceso de toda la vida, los desafíos se convierten en oportunidades para el crecimiento, no barreras para la terminación sino puertas a la próxima evolución de quiénes somos.

Este cambio de perspectiva trae un tremendo alivio. Si no hay una versión final que lograr, podemos dejar de medirnos contra un estándar imposible. Podemos liberar la presión de tenerlo todo resuelto para alguna fecha límite arbitraria. Podemos dejar de sentirnos "atrasados" en la carrera imaginaria hacia la terminación.

No somos seres estáticos. Somos procesos en movimiento.

Chris LeBrón tiene 26 años. Su carrera, como su música, todavía está en proceso de convertirse. Es un artista dominicano en ascenso cuyas canciones, a veces crudas, a menudo aspiracionales, llevan el dolor de alguien que todavía está explorando, todavía extendiéndose hacia lo que importa. No hay pulido por el simple hecho de pulir. Lo que ofrece está en movimiento, desplegándose con fe, curiosidad y corazón. Su camino nos recuerda que no tenemos que estar terminados para comenzar. La alegría vive en el convertirse.

Es por eso que la metáfora de la "obra de una vida" puede ser tan engañosa. Sugiere un producto único y cohesivo, un gran logro que corone una vida. Pero ¿y si la vida no se trata de producir una obra final en absoluto? ¿Y si se trata de participar en un proceso continuo de creación y convertirse?

No estamos atrasados. No perdidos. No rotos. Solo en proceso.

La maestra budista Pema Chödrön captura esto bellamente cuando habla de "abandonar la esperanza" - no en el sentido de desesperación, sino en el sentido de liberar el apego a resultados fijos. "Abandonar la esperanza es una afirmación, el comienzo del comienzo", escribe. "Nunca podemos saber qué sucederá después".

Esta apertura fundamental a la evolución continua está en el corazón de una vida significativa. No la certeza cerrada de la llegada, sino la posibilidad abierta del convertirse.

El poeta Theodore Roethke lo expresó así: "Aprendo yendo donde tengo que ir". El aprendizaje y el ir suceden simultáneamente. No hay un punto donde el aprendizaje se detiene y el yo llegado comienza.

Esta perspectiva transforma no solo cómo nos vemos a nosotros mismos sino cómo nos relacionamos con otros. Cuando reconocemos que todos están en un estado de convertirse, podemos extender la misma gracia a otros que necesitamos para nosotros mismos. Podemos ver más allá de las limitaciones actuales hacia posibilidades emergentes. Podemos sostener las relaciones como conversaciones en evolución en lugar de arreglos fijos.

También cambia cómo abordamos el envejecimiento. En lugar de ver la vida posterior como un declive desde algún pico de desarrollo, podemos reconocerla como otra fase de convertirse, una con sus propios dones particulares, desafíos y oportunidades para el crecimiento.

El psicólogo James Hillman, en su libro "La Fuerza del Carácter", desafía la noción de que la juventud representa la cima del desarrollo humano, con todo lo demás siendo disminución. En cambio, sugiere que el carácter continúa desarrollándose a lo largo de la vida, con la vejez ofreciendo posibilidades únicas para la sabiduría, la integración y lo que él llama "maduración".

Esta maduración no se trata de alcanzar la completitud. Se trata de continuar comprometiéndose con las preguntas fundamentales de la vida desde una perspectiva cada vez más profunda. Se trata de convertirse más plenamente en quien eres, no finalizando alguna versión perfecta, sino permaneciendo abierto a la evolución continua.

No hay una versión final de ti.

No hay un punto final donde todo esté ordenado y resuelto.

Y gracias a Dios.

Ser humano es estar en movimiento.

Seguir aprendiendo, cambiando, suavizando.

Decir, una y otra vez: *Todavía estoy aquí. Todavía estoy abierto. Todavía me estoy convirtiendo.*

Esto no es resignación, es alivio.

La Incompletud No Es Inadecuación, Es Invitación

¿Y si los vacíos en tu historia no son cosas que arreglar, sino lugares para jugar?

¿Y si las cosas que no has terminado... todavía te están hablando?

A menudo pensamos en el descontento como un defecto. Pero tal vez es solo el eco de la posibilidad, todavía rebotando a través de los espacios que hemos dejado abiertos.

Y tal vez la forma más alegre de vivir es escuchar ese eco. Dejar que guíe nuestras manos, moldee nuestros días, suavice nuestro agarre.

Nuestra relación con la incompletud es profundamente conflictiva. Por un lado, se nos enseña a terminar lo que comenzamos, a atar cabos sueltos, a lograr el cierre. Por otro lado, estamos rodeados de evidencia de que la vida misma es obstinadamente, persistentemente inacabada, siempre en movimiento, siempre evolucionando, siempre revelando nuevas dimensiones.

Esta tensión crea un tipo particular de sufrimiento. Nos sentimos inadecuados porque no hemos llegado a alguna terminación imaginada. Nuestros proyectos inacabados, relaciones y esfuerzos de autodesarrollo parecen acusarnos, sugerir que nos falta la disciplina, el enfoque o la capacidad para llegar a la línea de meta.

Pero ¿y si la incompletud no es evidencia de inadecuación en absoluto? ¿Y si es realmente una invitación - una puerta a la creatividad, el descubrimiento y el crecimiento continuos?

La tradición estética japonesa ofrece un profundo replanteamiento a través del concepto de *wabi-sabi* - la belleza de lo imperfecto, impermanente e incompleto. Dentro de esta perspectiva, lo inacabado no está defectuoso; está vibrante con posibilidad. La grieta en la vasija no es un fracaso; es por donde entra la luz. Lo incompleto no está faltando; está vivo.

Esto no es solo un principio estético sino una forma de relacionarse con la vida misma. Sugiere que las preguntas no resueltas, los proyectos inacabados, el continuo convertirse, estos no son problemas a resolver sino invitaciones a permanecer creativamente comprometidos.

Considera tus proyectos creativos inacabados. A menudo los vemos como fracasos, evidencia de nuestra incapacidad para seguir hasta el final. Pero ¿y si representan algo completamente diferente? ¿Y si son conversaciones que todavía estamos teniendo con nosotros mismos, preguntas que todavía estamos explorando, posibilidades que aún no estamos listos para cerrar?

El escritor Neil Gaiman ilumina esto: "No existe tal cosa como una mala idea en abstracto, solo ideas que no han aterrizado donde pertenecen". Lo inacabado no está defectuoso; todavía está buscando su lugar.

O piensa en las relaciones que se sienten no resueltas. Nuestra cultura empuja hacia finales limpios, rupturas claras, cierres formales, capítulos definitivamente terminados. Pero la conexión humana rara vez se ajusta a narrativas tan ordenadas. Las relaciones evolucionan, se transforman, a veces permanecen latentes antes de despertar de nuevo en nuevas formas. Su cualidad inacabada no es necesariamente un fracaso sino un reconocimiento de su naturaleza viva.

Incluso nuestra comprensión de nosotros mismos permanece gloriosamente incompleta. Las preguntas sin respuesta sobre propósito, significado e identidad no son inadecuaciones a superar sino conversaciones en curso que nos mantienen creciendo, descubriendo y evolucionando a lo largo de la vida.

Este replanteamiento de la incompletud como invitación en lugar de inadecuación no significa abandonar el compromiso o seguimiento. Algunas cosas sí se benefician de la terminación. Pero significa mantener una relación más espaciosa con las partes inacabadas de la vida, viéndolas no como fracasos sino como terreno fértil para el crecimiento continuo.

El poeta Rainer Maria Rilke aconsejó: "Trata de amar las preguntas mismas, como habitaciones cerradas y como libros escritos en un idioma muy extranjero". Este amor por lo no resuelto, lo todavía en formación, lo aún no conocido está en el corazón de una relación creativa con la incompletud.

A menudo pensamos en el descontento como un defecto. Pero tal vez es solo el eco de la posibilidad, todavía rebotando a través de los espacios que hemos dejado abiertos. El tirón que sentimos cuando algo permanece inacabado no es necesariamente un problema. Podría ser la vida misma, pidiendo nuestra atención y cuidado continuos.

Y tal vez la forma más alegre de vivir es escuchar ese eco. Dejar que guíe nuestras manos, moldee nuestros días, suavice nuestro agarre. No para terminar todo, sino para permanecer en conversación con lo que más importa, permitiendo que la vida siga siendo un borrador, un boceto, una creación en curso en lugar de una obra terminada.

La invitación no es abandonar el cuidado o el compromiso. Es reconocer que las partes más vitales de la vida no se tratan de alcanzar algún estado final sino de permanecer comprometido con el proceso mismo, de seguir presentándose para la conversación, la creación, el convertirse.

La incompletud no es inadecuación, es invitación. Y aceptar esa invitación podría ser la elección más creativa que podemos hacer.

Una Práctica: Bendice Lo Inacabado

Tómate un momento para mirar alrededor de tu vida.

¿Qué está todavía en movimiento?

¿Qué no has resuelto?

¿Qué sueños, preguntas o proyectos están silenciosamente esperando, no la terminación, sino tu suave atención?

Ahora bendícelos.

No como fracasos. Sino como *compañeros*.

Como señales de que estás vivo, de que todavía te importa, de que no has terminado de ser movido.

Esta práctica invita a un profundo cambio en cómo nos relacionamos con las dimensiones inacabadas de nuestras vidas. En lugar de verlas principalmente como problemas a resolver o fracasos a superar, las reconocemos como aspectos vitales de un viaje creativo continuo.

Comienza notando. Mira alrededor de tu espacio físico, tu calendario, tus relaciones, tu paisaje interior. ¿Dónde encuentras lo inacabado? Los proyectos comenzados pero no completados. Las preguntas planteadas pero no resueltas. Las relaciones que permanecen complejas en lugar de concluidas. Los aspectos de ti mismo todavía en formación.

Haz un suave inventario, no para crear otra lista de tareas pendientes, sino para traer conciencia a los elementos vivos, no resueltos de tu experiencia.

Luego, en lugar de inmediatamente estrategizar cómo terminar o arreglar estos elementos, intenta algo contraintuitivo: bendícelos.

¿Qué significa bendecir lo inacabado? Significa reconocer su valor. Apreciar lo que ofrece. Verlo no como carente sino como fértil en posibilidades.

Podrías literalmente hablar una bendición sobre estos elementos inacabados: "Bendigo este manuscrito inacabado por lo que me ha enseñado sobre la paciencia". "Bendigo esta pregunta en curso sobre mi propósito por mantenerme comprometido con lo que importa". "Bendigo esta relación en evolución por su continua invitación al crecimiento".

O simplemente podrías sentarte con cada elemento inacabado, reconociendo su lugar en tu vida con amabilidad en lugar de frustración. Nota qué sucede cuando cambias de ver la incompletud como un problema a reconocerla como señal de compromiso continuo.

Esta bendición no significa que nunca terminarás nada. Algunos proyectos sí se benefician de la conclusión. Algunas preguntas sí encuentran respuestas satisfactorias, si temporales. Pero la bendición cambia tu relación con lo inacabado, de una de ansiedad o inadecuación a una de aprecio por la conversación continua.

Los aspectos inacabados de tu vida no son fracasos de disciplina o señales de inadecuación. Son compañeros en el viaje. Son evidencia de que todavía estás comprometido, todavía curioso, todavía abierto a convertirte.

Muestran que estás vivo. Que todavía te importa. Que no has terminado de ser movido.

Y hay una alegría particular en este reconocimiento, no el alivio satisfecho de la terminación, sino la alegría más profunda de la vitalidad continua. De seguir importando, de seguir cuestionando, de seguir creando, de seguir convirtiéndote.

Esta práctica no te pide permanecer permanentemente inacabado en cada área. Alguna terminación es valiosa y necesaria. Pero te invita a mantener una relación más espaciosa con la incompletud, a verla no meramente como ausencia de final sino como presencia de posibilidad continua.

Como escribe la poeta Mary Oliver: "Las cosas toman el tiempo que toman. No te preocupes. ¿Cuántos caminos siguió San Agustín antes de convertirse en San Agustín?" Lo inacabado no ha fallado; todavía está convirtiéndose. Y bendecirlo reconoce el valor en ese proceso continuo.

Vive Como Si el Final No Importara

Se te permite escribir sin conocer el último capítulo.

Construir lo que nadie pidió.

Amar lo que puede que nunca sea devuelto.

Despertar cada día y aun así decir: *Sí, lo intentaré de nuevo.*

Eso es coraje.

Eso es gracia.

Eso es la alegría de lo hermosamente inacabado.

Nuestras narrativas culturales están saturadas de finales. El viaje del héroe concluye con el regreso triunfal. El romance termina en boda o desamor. El viaje empresarial culmina en adquisición o bancarrota. La búsqueda espiritual alcanza la iluminación o la desesperación.

Estos patrones narrativos moldean cómo entendemos nuestras propias vidas, animándonos a orientarnos hacia resultados definitivos, a medir el valor del viaje por su final.

Pero ¿y si el final no importa tanto como pensamos? ¿Y si el significado no está principalmente en cómo las cosas concluyen, sino en cuán plenamente nos comprometemos con cada paso a lo largo del camino?

Vivir como si el final no importara no se trata de indiferencia hacia los resultados. Se trata de negarse a dejar que esos resultados determinen el valor del proceso mismo. Se trata de reconocer que el significado existe en el compromiso, no solo en la conclusión.

La escritora Anne Lamott toca esto cuando describe por qué escribe, ella dice la verdad al servicio de la vida y usa la escritura para descubrir lo que piensa, quién es y qué cree. Para Lamott, escribir no es meramente un medio para producir un libro terminado. Es una forma de comprometerse con la vida misma, un proceso valioso independientemente de su resultado.

Esta perspectiva se aplica mucho más allá de la escritura. Los emprendedores comienzan negocios no solo para lograr resultados financieros particulares, sino porque valoran el proceso creativo de construir algo. Los científicos persiguen investigación no solo por respuestas definitivas, sino por la alegría de la indagación misma. Los padres crían hijos no como proyectos a completar, sino como relaciones con las que comprometerse a lo largo del tiempo.

En cada caso, hay una disposición a valorar el viaje independientemente de su conclusión, a encontrar significado en el compromiso mismo más que diferir el significado a algún resultado futuro.

Esto no significa abandonar la preocupación por los resultados. Significa reconocer que los resultados son solo una dimensión del significado, y a menudo no la más importante. Significa valorar el proceso al menos tanto como el producto, el convertirse al menos tanto como la llegada.

El teólogo y filósofo Howard Thurman capturó esto cuando dijo: "No te preguntes qué necesita el mundo. Pregúntate qué te hace cobrar vida, y ve a hacerlo, porque lo que el mundo necesita es gente que ha cobrado vida".

Cobrar vida no se trata de alcanzar puntos finales. Se trata de comprometerse plenamente con lo que importa, de traer todo tu ser a cada momento de creación, conexión y convertirse. Se trata de valorar la vitalidad misma, no solo lo que esa vitalidad produce.

Esta perspectiva transforma cómo abordamos el trabajo creativo. Creamos no solo para terminar o para lograr validación externa, sino porque el acto de creación mismo es significativo. Seguimos la curiosidad no solo para llegar a respuestas, sino porque la curiosidad misma enriquece nuestra experiencia. Construimos relaciones no solo para alcanzar resultados particulares, sino porque la conexión misma tiene valor.

Vivir como si el final no importara nos libera de la parálisis de la incertidumbre. Si necesitamos saber cómo resultarán las cosas antes de comenzar, limitamos severamente lo que estamos dispuestos a intentar. Pero si valoramos el compromiso mismo, podemos dar un paso hacia la incertidumbre con mayor coraje y apertura.

Se te permite escribir sin conocer el último capítulo.

Construir lo que nadie pidió.

Amar lo que puede que nunca sea devuelto.

Despertar cada día y aun así decir: *Sí, lo intentaré de nuevo.*

Esta disposición a comprometerse sin garantías no es imprudencia. Es un reconocimiento de que la vida misma está inacabada, que nunca tenemos certeza completa sobre los resultados, que cada final es también un comienzo, que el significado existe en el vivir mismo más que en alguna conclusión final.

El poeta Rainer Maria Rilke escribió: "Sé paciente hacia todo lo no resuelto en tu corazón y trata de amar las preguntas mismas, como habitaciones cerradas y como libros escritos en un idioma muy extranjero".

Amar las preguntas. Abrazar lo no resuelto. Encontrar alegría en lo hermosamente inacabado. Esto no es conformarse con menos; es reconocer la riqueza que existe en el proceso continuo de creación y convertirse.

Eso es coraje.

Eso es gracia.

Eso es la alegría de lo hermosamente inacabado.

Reflexión: Honrando Tu Sinfonía Inacabada

Considera estas preguntas como invitaciones más que asignaciones. No hay respuestas correctas, solo tu reflexión honesta.

1. ¿Qué aspectos inacabados de tu vida has estado tratando como problemas en lugar de posibilidades?
2. ¿Dónde has estado posponiendo la alegría hasta después de alguna terminación imaginada? ¿Qué podría cambiar si permitieras alegría en el presente inacabado?
3. ¿Cómo sería valorar el convertirse sobre la llegada en tu trabajo creativo? ¿En tus relaciones? ¿En tu autodesarrollo?
4. ¿Cómo podría cambiar tu relación con el descontento si lo vieras no como un defecto sino como una señal de compromiso continuo con lo que importa?
5. ¿Qué proyecto o pregunta inacabada continúa llamándote? ¿Qué podría estar pidiendo, no necesariamente terminación, sino quizás atención renovada?

Recuerda que estas reflexiones no están destinadas a añadir a tu lista de tareas pendientes o crear nuevas presiones para la terminación. Son invitaciones para explorar una relación diferente con lo inacabado, una basada en aprecio en lugar de ansiedad, en curiosidad en lugar de crítica.

Lo inacabado no ha fallado. Está vivo. Y esa vitalidad merece no solo reconocimiento sino celebración.

Tu sinfonía inacabada no está esperando una conclusión perfecta. Está sonando ahora, nota por nota, a través de las improvisaciones cotidianas de tu vida. Escucha. Comprométete. Interpreta tu parte.

Tal vez nunca estuvimos destinados a llegar. Tal vez solo estuvimos destinados a *comprometernos*. A crear. A poner atencion. En esta reflexión final, regresemos a esa verdad, y dejemos espacio para lo que todavía está convirtiéndose en ti.

La alegría está en la música misma.

La Alegría de la Inquietud

CAPÍTULO 7

En Práctica, Honrando Lo Que Te Mueve

Umbral
*Lo que se agita en ti, agita al mundo.
No una carga para silenciar,
sino una voz para honrar.
Déjala hablar.
Déjala moverse.
Déjala convertirse.*

*E*ste capítulo no es un final. Es un umbral. Una invitación abierta para avanzar con lo que ha sido agitado.

Las páginas que has leído no están destinadas a ser dominadas. Están destinadas a ser revisitadas. A demorarse con ellas. A marcarlas. A olvidarlas, para luego redescubrirlas. Este libro no es una escalera. Es un campo. Un fuego. Un respiro silencioso a tu lado cuando todo lo demás se vuelve ruidoso.

Has caminado a través del dolor, la fricción, la quietud, la rebelión y lo inacabado. Te has sentado con preguntas que no se resuelven y verdades que no exigen perfección. Eso en sí mismo es sagrado.

Un Compañero Creativo

Lo que sigue son invitaciones para mantener una relación creativa con tu descontento, no como tareas, sino como trabajo del corazón. Encontrarás reflexiones específicas para cada capítulo y prácticas duraderas a las que regresar, una y otra vez. Toma lo que te sirva. Deja lo que no. Deja que tus instintos guíen tu convertirse.

Cada capítulo exploró una dimensión diferente del descontento creativo. Aquí hay prácticas para profundizar tu relación con cada uno.

Del Capítulo 1, El Mito de la Llegada

- **Inversión de la Línea Temporal:** Dibuja tu vida no como un progreso hacia puntos finales, sino como una serie de compromisos. ¿Qué cambia cuando ves tu viaje de esta manera?
- **Auditoría de Llegada:** ¿Qué estás posponiendo actualmente hasta "después" de que algo se logre? ("Descansaré después de este proyecto". "Estaré presente después de este hito".) Elige algo que estás posponiendo y trae una pequeña versión de ello al presente.
- **La Práctica del Medio:** Durante un día, enmarca conscientemente cada actividad como un medio, no trabajando hacia la finalización, sino comprometiéndote con el proceso. Observa cómo este cambio afecta tu experiencia.

- **Carta al Descontento:** Escribe una carta a tu descontento. Deja que te responda. ¿Qué está tratando de decirte que quizás no quieras escuchar?
- **Éxito Redefinido:** Crea tu propia definición de éxito que centre la alineación en lugar de la llegada. ¿Cómo serían tus días si los midieras por el compromiso en lugar del logro?

Del Capítulo 2, La Inquietud como Brújula Creativa

- **Verificación de la Brújula:** ¿Cuándo has sentido inquietud de una manera que no era destructiva, sino clarificadora? ¿Hacia dónde te condujo esa inquietud?
- **Seguir el Impulso:** Cada día durante una semana, observa una cosa que llame tu atención, algo que cree un pequeño "impulso" de interés. Síguelo durante cinco minutos, incluso si parece poco práctico o sin importancia.
- **Mapeo de la Inquietud:** Dibuja un mapa de dónde vive la inquietud en tu cuerpo. Cuando sientes esa tensión creativa, ¿dónde la experimentas físicamente? Conocer su textura y ubicación puede ayudarte a reconocerla como un mensajero familiar en lugar de una intrusión.
- **La Pregunta del Cuidado:** Pregúntate: "¿Qué me importa tanto que estoy dispuesto a sentirme incómodo por ello?" Esta pregunta revela dónde tu inquietud creativa se conecta con valores más profundos.
- **Sendero de la Curiosidad:** Elige algo que encuentres regularmente pero nunca hayas explorado realmente, una planta en tu ruta de caminata, la historia de tu vecindario, cómo funciona realmente algo en tu hogar. Sigue tu curiosidad sobre esta cosa ordinaria y observa adónde te lleva.

Del Capítulo 3, La Fricción Que Alimenta el Flujo

- **Inventario del Umbral:** Identifica tres actividades donde experimentas regularmente resistencia antes del flujo. Escribe las cualidades específicas de la resistencia, ¿qué pensamientos, sentimientos o sensaciones te indican que estás en el umbral?
- **Auditoría de Flujo:** ¿Cuándo te sientes más vivo? Rastrea momentos de flujo durante una semana. Anota lo que estabas haciendo, las condiciones que lo apoyaron y cómo superaste la resistencia inicial.
- **Cinco Minutos Más:** Cuando sientas el impulso de abandonar una tarea creativa desafiante, comprométete a cinco minutos más. A menudo esto es suficiente para atravesar la resistencia del umbral hacia un compromiso más profundo.
- **Diseño de Ritual:** Crea un ritual simple que señale a tu mente y cuerpo que estás entrando en un espacio creativo. Podría ser encender una vela, organizar tus materiales de una manera específica o tomar tres respiraciones profundas. Usa este ritual consistentemente para construir una vía neural hacia el compromiso enfocado.
- **Replanteamiento de la Fricción:** La próxima vez que encuentres resistencia creativa, intenta decir: "Este es el umbral. Esto es normal. Esto significa que me estoy acercando a algo que importa". Observa cómo este replanteamiento afecta tu relación con la resistencia.

From Chapter 4, Creating Without Clinging

- **La Práctica de la Ofrenda:** Haz algo hoy y deliberadamente libera cualquier apego a cómo sea recibido. Créalo, complétalo, y considéralo una ofrenda en lugar de un logro.

- **Creación Privada:** Comprométete con un pequeño proyecto creativo que nunca compartirás. Observa cómo la ausencia de una audiencia potencial afecta tu proceso creativo y experiencia.
- **El Ritual de Soltar:** Elige algo que hayas creado al que te has estado aferrando firmemente, buscando validación, preocupándote por la recepción, tratando de perfeccionarlo. Crea un pequeño ritual para soltar simbólicamente tu agarre sobre ello. Esto podría ser tan simple como escribir tus ansiedades al respecto y luego romper el papel.
- **Documentación del Proceso:** Para una sesión creativa, documenta tu proceso en lugar de enfocarte únicamente en el resultado. Toma fotos en diferentes etapas, escribe notas sobre tu toma de decisiones, captura la evolución. Esto desplaza la atención del producto al proceso.
- **La Pregunta de la Libertad:** Antes de comenzar un proyecto creativo, pregunta: "¿Qué crearía si no necesitara que fuera impresionante?" Deja que la respuesta guíe tus próximos pasos.

Del Capítulo 5, La Alegría como Rebelión

- **Censo de Belleza:** En un espacio que consideras roto, descuidado o problemático, busca deliberadamente evidencia de belleza, cuidado o resistencia. Documenta lo que encuentres, la planta creciendo a través del concreto, el grafiti que habla con verdad, la amabilidad inesperada.
- **La Cartografía de la Alegría:** Mapea metafóricamente dónde se intersectan la alegría y el descontento en tu vida. ¿Dónde está tu alegría empujando contra el entumecimiento? ¿Dónde tu descontento alimenta la acción creativa en lugar de la desesperación?

- **La Pequeña Rebelión:** Nombra un pequeño acto subversivo de cuidado que puedes ofrecer a tu mundo. Algo que diga: "Las cosas podrían ser diferentes". Luego hazlo.
- **Ancestros Rebeldes:** Investiga a alguien que usó la creatividad como resistencia en un contexto similar al tuyo, ya sea en arte, enseñanza, negocios, crianza o trabajo comunitario. ¿Qué puedes aprender de su enfoque?
- **La Pregunta:** ¿Qué sigue siendo inaceptable para ti? ¿Con qué no puedes hacer las paces? ¿Qué chispa de rebelión aún arde? Permítete sentir toda la fuerza de este descontento, luego pregunta: "¿Qué respuesta creativa podría ofrecer?"

Del Capítulo 6, Lo Hermosamente Inacabado

- **La Galería de lo Inacabado:** Crea una pequeña exhibición de proyectos, borradores o ideas inacabadas. En lugar de verlos como fracasos, hónralos como evidencia de tu creatividad y curiosidad continua.
- **La Práctica del Ahora:** Durante un día, practica hablar sin usar tiempos verbales futuros o pasados. Como los Pirahã, intenta permanecer en la experiencia inmediata. Observa cómo esto afecta tu sentido de completitud o incompletitud.
- **Bendecir lo Inacabado:** Identifica algo incompleto en tu vida en este momento. En lugar de verlo como un problema, ofrécele una bendición: "Bendigo este [proyecto/ pregunta/ relación] inacabado por lo que continúa enseñándome".
- **Suficiencia Presente:** Completa esta frase: "Incluso sin terminar [algo importante para ti], todavía soy..." Deja que este recordatorio de tu valor inherente más allá del logro penetre.
- **Observación Wabi-Sabi:** Encuentra algo en tu entorno que encarne el wabi-sabi, la belleza de lo imperfecto,

impermanente e incompleto. Una cerca desgastada, una taza desportillada que amas, un jardín en transición. Pasa cinco minutos en observación silenciosa de su belleza particular.

PRÁCTICAS A LAS QUE REGRESAR

Estas prácticas continuas pueden ser puntos de referencia en tu viaje, formas de mantener una conversación con tu descontento creativo a través de contextos y desafíos.

La Pregunta Suave

Cuando surge la tensión, cuando se agita la inquietud, cuando el descontento creativo se hace notar, haz una pausa. Respira. Y pregunta con genuina curiosidad: "¿Qué se está agitando en mí? ¿Qué podría estar pidiendo?"

Esta no es una pregunta que necesite una respuesta inmediata. Es una invitación a la relación, a tratar tu descontento no como un problema a resolver sino como un mensajero a escuchar. A veces la respuesta llegará de inmediato. A veces emergerá a lo largo de días o semanas. A veces se revelará solo a través de la acción creativa.

La práctica no consiste en encontrar la respuesta perfecta, sino en continuar preguntando con apertura en lugar de juicio.

El Mapa de la Alegría

Una vez al mes, tómate tiempo para mapear metafóricamente tus recientes momentos de alegría profunda y compromiso, especialmente aquellos que comenzaron en la incomodidad o el descontento. ¿Dónde te sentiste más vivo? ¿Más presente? ¿Más en flujo? ¿Qué condiciones rodearon estas experiencias? ¿Qué resistencia inicial atravesaste?

Con el tiempo, estos mapas se convierten en un atlas personal de tu paisaje creativo, mostrando los territorios donde tu descontento más a menudo se transforma en alegría, donde tu inquietud te lleva a un compromiso significativo, donde tu fricción enciende el flujo.

Usa esta comprensión evolutiva no como reglas rígidas, sino como una guía útil cuando te sientas perdido o atascado.

El Sabbat Creativo

En muchas tradiciones espirituales, el sabbath representa no solo descanso, sino tiempo sagrado, apartado de la productividad, el logro y la utilidad. Considera establecer un "Sabbath Creativo" regular, tiempo dedicado a la creación por sí misma, libre de cualquier expectativa de resultado o uso.

Esto podría ser una hora cada semana, un día cada mes, o cualquier ritmo que se ajuste a tu vida. El único requisito es que lo que crees durante este tiempo sea "inútil" según los estándares convencionales, hecho puramente por la alegría de hacer, por la conversación con los materiales, por el compromiso con el proceso.

Protege este tiempo de la incursión de preocupaciones prácticas. Llámalo sagrado. Porque lo es.

El No Sagrado

El discernimiento es esencial para vivir creativamente. No todo lo que pide tu atención merece tu compromiso. El "No Sagrado" es una práctica de liberación intencional, no como fracaso o abandono, sino como elección consciente.

Regularmente reflexiona sobre lo que estás cargando que ya no sirve a tu llamado creativo más profundo. ¿Qué proyectos, compromisos o expectativas puedes liberar con intención? ¿Qué "buenas ideas" necesitan ser compostadas para hacer espacio para lo que realmente importa ahora?

El No Sagrado no es rechazo. Es reasignación de tu finita energía creativa hacia lo que te llama más profundamente.

El Rastreador de Impulsos

El "impulso" es ese sutil movimiento interno, un destello de interés, una pregunta que no te deja en paz, una chispa de curiosidad o preocupación que capta tu atención. Estos impulsos son pistas creativas, apuntando hacia lo que te importa, lo que necesita tu atención, lo que podría querer emerger a través de ti.

Mantén un registro simple de estos impulsos cuando surjan. No para actuar inmediatamente sobre todos ellos, sino para desarrollar mayor conciencia de tus agitaciones creativas. Con el tiempo, emergen patrones, mostrando las preguntas, preocupaciones y posibilidades que consistentemente te llaman.

Esta conciencia se convierte en una brújula, ayudándote a reconocer la diferencia entre la distracción aleatoria y el auténtico llamado creativo.

La Verificación Corporal

El descontento, la inquietud, la tensión creativa, estos no son solo estados mentales. Viven en el cuerpo. La Verificación Corporal es una práctica simple de hacer una pausa para notar las sensaciones físicas de tu estado creativo.

¿Dónde sientes la inquietud en tu cuerpo? ¿Cómo se manifiesta físicamente la excitación creativa? ¿Qué sensaciones acompañan el bloqueo o la resistencia creativa? ¿Dónde sientes la satisfacción del compromiso significativo?

Esta conciencia somática te ayuda a reconocer tus estados creativos más rápidamente y a responder más apropiadamente, distinguiendo entre la resistencia que precede al flujo, la inquietud que señala desalineación, y la tensión que indica posibilidad creativa.

El Recordatorio del Umbral

Crea un recordatorio físico del principio del umbral, que la resistencia antes del flujo no es un obstáculo sino una puerta. Esto podría ser una pequeña piedra que guardas donde trabajas, un símbolo dibujado en tu cuaderno, o una palabra o frase publicada donde la verás.

Cuando encuentres resistencia creativa, toca este recordatorio. Deja que te ancle en el conocimiento de que lo que estás experimentando no es fracaso o inadecuación. Es el umbral, el lugar donde el compromiso se profundiza si estás dispuesto a quedarte.

Una Reflexión Final, Mantente Inquieto, Mantente Auténtico

Y sin embargo, incluso en el acto de practicar, algo más profundo se agita.
Más allá de lo que hacemos está quien nos estamos convirtiendo.
Para los Que Siguen Convirtiéndose
A los que comienzan de nuevo,
que dejan que el dolor permanezca abierto,
que plantan sin saber
qué florecerá,
este mundo fue hecho
para ti.

Has llegado al final de este libro.

Pero espero que, de alguna manera, no se sienta como un final en absoluto.

Si acaso, espero que se sienta como un regreso,

a la parte de ti que nunca estuvo tratando de llegar.

La parte que ya sabía: la alegría no viene de estar completo.

Viene de estar *despierto*.

Has leído historias de inquietud, fricción, flujo, rebelión y lo hermosamente inacabado.

No como ideas abstractas, sino como compañeros en el camino creativo.

Como espejos de tu propia experiencia.

Porque tú también lo has sentido, la tensión, el tirón, el murmullo silencioso que dice,

Hay algo aquí que vale la pena que importe.

Esa es la inquietud.

No la de tipo amargo, sino del tipo que respira.

Que nota.

Que crea.

No Estás Atrasado

Si todavía estás resolviéndolo, si todavía estás garabateando, trasteando, revisando, reconstruyendo, bien.

Significa que todavía estás en ello.

Significa que estás comprometido.

Significa que no has dejado que el mundo te adormezca hasta la quietud.

La Alegría de la Inquietud

No estás atrasado.

Estás en el camino.

Y el camino no es recto. No es claro.

Pero está vivo.

Y es tuyo.

Nuestra cultura nos bombardea con cronogramas, para avance profesional, logro creativo, hitos de relaciones, estabilidad financiera. Internalizamos estos horarios, estas escaleras de progreso, hasta que se convierten en las varas de medir contra las cuales juzgamos nuestras vidas.

Pero estos cronogramas son en gran parte construcciones artificiales. No reflejan ni la compleja realidad del desarrollo humano ni los ritmos únicos de las vidas individuales. Imponen expectativas lineales a viajes no lineales.

Cuando nos medimos contra estos cronogramas arbitrarios, a menudo llegamos a la dolorosa conclusión de que estamos "atrasados", que deberíamos estar más avanzados, más logrados, más establecidos, más seguros de lo que actualmente estamos.

Esta sensación de estar atrasado crea un tipo particular de sufrimiento. Transforma el momento presente de un lugar de potencial a un lugar de carencia. Reformula nuestro continuo convertirse como inadecuación en lugar de vitalidad.

Pero ¿y si el cronograma mismo es el problema? ¿Y si la noción misma de estar "atrasado" malinterpreta cómo el crecimiento, la creatividad y la vida significativa realmente se despliegan?

El trabajo creativo, ya sea hacer arte, construir relaciones, forjar una carrera o dar forma a una vida, rara vez sigue cronogramas predecibles. Se mueve a la velocidad del descubrimiento, que no puede ser programada o estandarizada. Incluye períodos de barbecho que parecen improductivos pero son esenciales para la integración y la renovación. Responde a impulsos intuitivos que no se alinean con expectativas externas.

Como escribe la poeta Mary Oliver, "Las cosas toman el tiempo que toman. No te preocupes. ¿Cuántos caminos siguió San Agustín antes de convertirse en San Agustín?"

Los caminos más significativos rara vez son los más directos. Incluyen vagabundeos, exploraciones, aparentes desvíos que luego se revelan como esenciales. Involucran períodos de incertidumbre que eventualmente producen una claridad más profunda. Requieren temporadas de cuestionamiento que hacen que la convicción posterior sea más auténtica.

No estás atrasado.

Estás exactamente donde tu viaje particular te ha traído.

Y ese lugar, con todas sus preguntas, incertidumbres y elementos inacabados, no es una sala de espera para tu vida real. Es tu vida real, desplegándose en tiempo real.

La invitación no es ponerse al día con algún cronograma imaginado. Es habitar plenamente el camino en el que realmente estás, comprometerte con las preguntas que te importan, seguir los impulsos creativos que te animan, permanecer receptivo a tu propio sentido evolutivo de significado y propósito.

Esto no significa abandonar toda estructura o dirección. Significa sostener cualquier plan o cronograma como marcos flexibles en lugar de requisitos rígidos. Significa valorar tu proceso de crecimiento real, con toda su desordenada no linealidad, sobre el progreso idealizado y predecible.

Si todavía estás resolviéndolo, todavía experimentando, todavía cuestionando, todavía refinando tu comprensión de ti mismo y tu trabajo, eso no es fracaso o retraso. Es compromiso. Es vitalidad. Es el coraje de permanecer en el medio creativo en lugar de apresurarse hacia conclusiones prematuras.

La alternativa no es un progreso más rápido. Es el entumecimiento. Es la desconexión de tu propio convertirse auténtico. Es conformarse con lo que se espera en lugar de explorar lo que es posible.

Así que libera el cronograma. Libera la comparación. Libera los estándares arbitrarios de dónde "deberías" estar a estas alturas.

No estás atrasado.

Estás en el camino.

Y el camino no es recto. No es claro.

Pero está vivo.

Y es tuyo.

Mantente Inquieto

Cuando el descontento

reaparece, y lo hará, no te apresures a arreglarlo.

Siéntate con él.

Escucha.

Pregunta:

- ¿Qué está tratando de enseñarme esto?
- ¿Dónde estoy siendo invitado a crecer, a suavizar, a estirarme?
- ¿Qué quiere ser hecho a través de mí a continuación?

Permanece con las preguntas.

Deja que agiten algo.

Deja que te muevan, aunque sea ligeramente.

Hemos explorado a lo largo de este libro cómo el descontento creativo sirve como una brújula interna, apuntando hacia lo que importa, lo que está desalineado, lo que quiere emerger. Esta inquietud no es un problema a resolver sino una señal a honrar, una comunicación vital de la parte de ti que permanece comprometida con las posibilidades de la vida.

Sin embargo, nuestro instinto, condicionado por una cultura que valora la comodidad y la certeza, a menudo es silenciar esta señal. Tratar el descontento como un fallo más que como guía. Arreglarlo, adormecerlo o apresurarse más allá de él hacia una resolución falsa.

La invitación aquí es diferente: mantente inquieto.

Esto no significa aferrarse a la insatisfacción o cultivar la infelicidad crónica. Significa mantener tu capacidad de ser movido, de notar cuando algo no se siente bien, de sentir cuando más es posible, de responder a los impulsos sutiles hacia una mayor alineación, autenticidad y vitalidad.

Mantenerse inquieto significa rechazar el trance de la terminación, la ilusión de que algún día llegarás a un estado terminado donde el crecimiento se detiene y reina la certeza. Significa reconocer que la vida más significativa no es una que alcanza algún destino imaginado, sino una que permanece receptiva a llamados continuos para la creación, la conexión y el convertirse.

Cuando surge la inquietud, en lugar de tratar inmediatamente de resolverlo, crea espacio para escuchar lo que podría estar diciéndote. ¿Está señalando una desalineación entre tus acciones y tus valores? ¿Está revelando un área donde has estado jugando demasiado pequeño? ¿Está destacando una necesidad genuina de descanso o recalibración? ¿Te está invitando hacia un nuevo territorio creativo?

La Alegría de la Inquietud

Las preguntas mismas importan más que las respuestas inmediatas. Crean un contenedor para el descontento, no para eliminarlo, sino para comprometerse con él como fuente de potencial percepción y dirección.

Este compromiso transforma cómo experimentas la inquietud. En lugar de resistirte a ella como una incomodidad no deseada, puedes darle la bienvenida como una compañera familiar en el viaje creativo, una que te mantiene honesto, te mantiene moviéndote, te mantiene comprometido con lo que más importa.

El periodista y activista Ta-Nehisi Coates captura esta relación con la inquietud cuando describe su proceso de escritura: "Siempre considero todo el proceso sobre el fracaso, y creo que esa es la razón por la que sigo adelante". Para Coates, la sensación de no-del-todo-correcto, de no-todavía-allí, no es un obstáculo para la creatividad sino su mismo motor.

Lo mismo puede ser cierto en cualquier dominio. El maestro que mantiene la inquietud creativa continúa evolucionando su enfoque en lugar de asentarse en una rutina cómoda. La relación que honra la inquietud creativa permanece vital en lugar de calcificarse en hábito. La organización que valora la inquietud creativa permanece receptiva a necesidades emergentes en lugar de aferrarse a métodos obsoletos.

Mantenerse inquieto no significa interrupción constante o insatisfacción perpetua. Significa mantener una relación dinámica con tu propio convertirse, una disposición a seguir haciendo preguntas, a seguir notando lo que se siente desalineado, a seguir respondiendo a las invitaciones de la vida para el crecimiento y la creación.

Significa confiar en que la incomodidad de no saber, no llegar, no estar terminado no es un problema. Es la sensación de estar completamente vivo a tu propio potencial.

Así que cuando el descontento aparece, cuando sientes esa agitación familiar, esa sensación de que algo no está del todo bien o algo más es posible, no te apresures a silenciarlo. No lo trates como evidencia de fracaso o debilidad.

Permanece con él. Escúchalo. Pregunta qué podría estar tratando de decirte.

Deja que sea no el final de algo, sino el comienzo.

Mantente Auténtico

Mantente fiel a lo que te ilumina, incluso si no tiene sentido para nadie más.

Mantente fiel a tu curiosidad, tu cuidado, tu dolor creativo.

Deja que te guíe, no hacia una vida perfecta, sino hacia una presente.

Una vida de movimiento, atención y rebelión silenciosa.

La alegría del descontento no se trata de tener las respuestas.

Se trata de permanecer en la danza.

En un mundo que a menudo nos presiona hacia la conformidad, mantenerse fiel a tu propio camino creativo requiere un tipo particular de coraje. Significa honrar tu curiosidad única, seguir tus impulsos distintivos, tomar decisiones que se alineen con tu brújula interna en lugar de expectativas externas.

Esto no se trata de autoindulgencia ciega o desprecio por los demás. Se trata de reconocer que tu combinación específica de intereses, valores, preguntas y tensiones creativas no es aleatoria o insignificante. Es una brújula que apunta hacia tu contribución única.

Cuando te sientes iluminado por algo, una pregunta, una posibilidad, una dirección creativa, ese entusiasmo no es trivial. Es información. Es guía sobre dónde quiere fluir tu energía, dónde se enfoca naturalmente tu atención, dónde podrías hacer tu contribución más significativa.

Esta guía a menudo no coincide con expectativas externas o caminos convencionales. Podría llevarte hacia carreras híbridas que no encajan perfectamente en descripciones de trabajo. Hacia proyectos creativos que cruzan fronteras tradicionales. Hacia formas de vivir que priorizan valores diferentes de los dominantes en tu cultura.

Mantenerse fiel a esta guía interna no garantiza facilidad o validación externa. A menudo significa moverse contra la corriente, tomar decisiones que otros no entienden, enfrentar preguntas sobre practicidad o seguridad o conformidad.

Pero ofrece algo más valioso que la aprobación fácil: la profunda satisfacción de vivir en alineación con tu propia autenticidad. La alegría de comprometerse con lo que genuinamente te importa. La vivacidad que viene de seguir tu camino real en lugar de la prescripción de otra persona.

La poeta Mary Oliver captura esto perfectamente en su famosa pregunta: "Dime, ¿qué planeas hacer con tu única vida salvaje y preciosa?" El énfasis en "tu" es crucial. No la vida que otros esperan de ti. No la vida que se vería más impresionante en papel. Sino tu vida, la que se alinea con tu constelación particular de pasiones, valores y tensiones creativas.

Mantenerse auténtico no significa tener claridad perfecta o certeza inquebrantable. Significa permanecer en conversación con tu propio sentido evolutivo de significado y propósito. Significa notar cuando te has desviado hacia elecciones basadas principalmente en expectativas de otros, y redirigir suavemente hacia lo que genuinamente te importa.

Esta alineación continua requiere reflexión regular. ¿Qué actividades te traen un sentido de flujo y compromiso? ¿Dónde pierdes la noción del tiempo? ¿Qué temas o preguntas te encuentras revisitando,

En Práctica, Honrando Lo Que Te Mueve

incluso cuando nadie más parece interesado? ¿Qué valores se sienten no negociables, incluso cuando priorizarlos viene con un costo?

Las respuestas a estas preguntas ofrecen pistas a tu camino auténtico, no un destino predeterminado, sino una dirección que honra quién eres y lo que más profundamente te importa.

Seguir este camino rara vez lleva a la perfección. Lleva a la presencia, a estar completamente comprometido con tu vida real en lugar de esforzarte constantemente hacia alguna versión idealizada. Lleva a una vida caracterizada no por la ejecución impecable sino por el cuidado genuino, la atención curiosa y la expresión honesta.

La alegría del descontento no se trata de tener las respuestas.

Se trata de permanecer en la danza.

Se trata de permanecer comprometido con las preguntas que te importan, receptivo a las tensiones creativas que te animan, comprometido con los valores que te definen, incluso cuando ese compromiso no es fácil o inmediatamente recompensado.

Este tipo de compromiso auténtico no elimina la dificultad ni garantiza resultados específicos. Pero ofrece algo quizás más valioso: la profunda satisfacción de vivir tu vida real en lugar de la versión de otra persona. La alegría de crear no lo que el mundo espera, sino lo que solo tú puedes ofrecer.

Mantente fiel a lo que te ilumina, incluso si no tiene sentido para nadie más.

Mantente fiel a tu curiosidad, tu cuidado, tu dolor creativo.

Deja que te guíe, no hacia una vida perfecta, sino hacia una presente.

Una vida de movimiento, atención y rebelión silenciosa.

La Alegría de la Inquietud

El Río y las Piedras

Imagínese un río, no el poderoso torrente de aguas bravas, sino una corriente más tranquila que se mueve constantemente a través de un paisaje. El río no llega. Fluye. No termina su viaje; Es el viaje. Su naturaleza es movimiento, no llegada.

A lo largo de sus orillas hay piedras lisas. Cada uno de ellos era una vez dentado, irregular, lleno de bordes. Pero el río, en su movimiento paciente y persistente, los ha transformado. No por la fuerza, sino por la relación. No en un día, sino con el tiempo. El río no se propuso perfeccionar las piedras. Simplemente fluía, y en ese fluir, las piedras se cambiaban.

Eres a la vez el río y la piedra.

Tú eres el flujo, la corriente creativa que se mueve a través de tus días, que da forma y remodela lo que toca. Y tú eres el ser moldeado, el yo que se suaviza y pule, no por un cambio violento, sino por un compromiso constante con lo que importa.

El gozo no está en alcanzar un estado final de perfección. Está en el flujo mismo. En la relación entre lo que se mueve a través de ti y lo que es movido por ti. En la danza entre cambiar y ser cambiado.

Mírate las manos. Tienen la capacidad de dar forma a algo que antes no estaba. Hacer visible lo que solo existe en el ojo de tu mente. Para producir lo que el mundo aún no ha imaginado que necesita.

Así que cuando cierres este libro y continúes tu viaje, llévate esta imagen contigo: Tú eres el río y la piedra. Siempre fluyendo, siempre siendo moldeado, nunca terminado, siempre convirtiéndose.Un

Último Susurro

No tienes que estar terminado.
No tienes que estar seguro.

En Práctica, Honrando Lo Que Te Mueve

No tienes que esperar.
Solo tienes que comenzar.
Y luego comenzar de nuevo.
Because you are allowed to be a work in progress.
And that, too, is beautiful.

El mundo no necesita más personas que lo tengan todo resuelto. Necesita personas que sigan siendo curiosas, cariñosas y creativas frente a la complejidad. Personas que no le temen a las preguntas, a los desafíos o a lo bello inacabado. Personas que aportan toda su humanidad a cada momento de sus vidas.

Te necesita a ti, no a una versión perfecta, pulida y completa de ti. Pero tú tal y como eres ahora, con todas tus preguntas, preocupaciones y tensiones creativas. Tú con tu descontento particular, tu visión distintiva, tu capacidad única de notar lo que otros podrían pasar por alto y crear lo que otros nunca podrían imaginar.

Esta no es una página en blanco para que te conviertas en algo diferente. Es un espejo para que veas lo que ya está ahí. La sinfonía inacabada que eres tú, tocando su siguiente nota.

¿Qué corriente creativa está fluyendo a través de ti en este momento, esperando dar forma al mundo?

Mantente inquieto.

Mantente fiel.

El devenir continúa.

Agradecimientos

Este libro comenzó con un susurro, una incomodidad que no podía ignorar. Pero fue un impulso lo que me hizo moverme. Ese pequeño empujón encarnado ha crecido en algo más grande, que exploro más completamente en mi próximo proyecto: *Flip the TWITCH*.

En el camino, he sido moldeado por una constelación de pensadores, maestros y compañeros, algunos que he conocido personalmente, otros que he conocido solo a través de la intimidad de su trabajo.

A **Mihaly Csikszentmihalyi**, cuya exploración del flujo abrió la puerta a la comprensión de la presencia, el propósito y la paradoja de la alegría dentro del esfuerzo.

A **Todd Kashdan**, por mostrar que la incomodidad puede ser una fuente de percepción, y que la curiosidad no es solo un rasgo, sino una forma de caminar por el mundo.

A **Daniel Everett**, cuyo audaz estudio de los Pirahã desafió el pensamiento convencional sobre el lenguaje, el tiempo y las suposiciones culturales, invitándonos a imaginar cómo podría sentirse una vida verdaderamente en tiempo presente.

A **Octavia Butler**, cuyo concepto de "obsesión positiva" dio nombre a la persistente inquietud creativa que impulsa el trabajo significativo.

A **bell hooks**, por iluminar cómo el amor y el cuidado pueden ser formas de rebelión silenciosa en un mundo desconectado.

Agradecimientos

A **Robin Wall Kimmerer**, cuya integración de sabiduría indígena y conocimiento científico ofrece un modelo para abrazar lo hermosamente inacabado.

A **Bayo Akomolafe**, cuya invitación a "desacelerar" en tiempos urgentes nos recuerda que el significado emerge en los espacios entre la acción.

A **Margaret Wheatley**, quien continúa manteniendo espacio para la escucha profunda, el liderazgo centrado en lo humano y la dignidad de la emergencia en sistemas complejos.

A **David Bohm**, cuyo trabajo sobre diálogo, totalidad y el orden implicado continúa ondulando a través de mi pensamiento. Su creencia en el significado desplegándose resuena silenciosamente a lo largo de estas páginas.

A **David Whyte, Ursula K. Le Guin, Mary Oliver, Parker Palmer** y **adrienne maree brown**, cuya claridad poética e imaginación moral me han ayudado a recordar lo que más importa.

Y a los creadores silenciosos, los maestros, artistas, constructores, cuidadores y errantes invisibles, que sienten el murmullo de algo más. Este libro es para ustedes.

Lecturas Sugeridas e Inspiraciones

Si partes de este libro conmovieron algo en ti, estas voces pueden profundizar esa resonancia. Cada uno ayudó a dar forma al terreno creativo y filosófico en el que se encuentra *La Alegría de la Inquietud*.

- **Flow** – Mihaly Csikszentmihalyi
- **The Art of Insubordination** – Todd Kashdan
- **Don't Sleep, There Are Snakes** – Daniel Everett
- **Turning to One Another** – Margaret Wheatley
- **Braiding Sweetgrass** - Robin Wall Kimmerer
- **All About Love** - bell hooks
- **Bloodchild and Other Stories** -- Octavia Butler
- **These Wilds Beyond Our Fences** - Bayo Akomolafe
- **Wholeness and the Implicate Order** - David Bohm
- **Crossing the Unknown Sea** - David Whyte
- **The Dispossessed** - Ursula K. Le Guin
- **Devotions** - Mary Oliver
- **Emergent Strategy** - adrienne maree brown
- **Let Your Life Speak** - Parker J. Palmer

Estas no son lecturas obligatorias. Son compañeros, luces en el camino del devenir creativo.

Sobre el Autor

David S. Morgan es un pensador audaz y curioso que habita en la intersección entre la creatividad, la innovación y el potencial humano. Con más de tres décadas de experiencia como inventor, CEO y agente de cambio, ha liderado esfuerzos transformadores en diversos sectores, ayudando a personas y organizaciones a crecer, adaptarse y reimaginar lo posible en tiempos de disrupción.

El trabajo de David explora la tensión entre estructura y alma, sistemas y narrativa, inconformidad y evolución. Ya sea escribiendo sobre inteligencia artificial o sobre el espíritu creativo, es conocido por combinar una visión estratégica con una profundidad emocional, ofreciendo a sus lectores tanto claridad como una invitación a explorar.

La Alegría de la Inquietud es su libro más personal hasta la fecha, una guía con alma para honrar la inquietud como una fuerza creativa y compañera en el camino de convertirse en quien uno está llamado a ser.

Cuando no está escribiendo, dando charlas o desafiando el statu quo, probablemente lo encontrarás explorando los bosques de New Hampshire, garabateando ideas en servilletas de papel, o perdiéndose en preguntas que no lo dejan en paz.

Está abierto al diálogo reflexivo y la colaboración. Puedes contactarlo en: **davidceonh@gmail.com**.

Otros Libros de David S. Morgan

- **AI-PROOF MANIFESTO:** *The New Rules of Work in the Age of Intelligent Machines and the Seven Superpowers to Rewrite Your Rules*
- **Generation Innovate:** *Unleashing the Creative Revolution of Millennials and Gen-Z*
- **GOALS:** *The Ultimate Guide to Personal and Team Triumph*
- **Ten Steps to Innovating Your Nonprofit:** *How to Build a Dynamic, Creative, Innovative Nonprofit*

Notas

www.ingramcontent.com/pod-product-compliance
Lightning Source LLC
LaVergne TN
LVHW041335080426
835512LV00006B/470